本书属于《新时代党内法规的备案审查研究》（2019FZX012）项目成果研究。

公职履职相关行为规制
与备案审查研究

杨向东／著

中国政法大学出版社

2024·北京

图书在版编目（CIP）数据

公职履职相关行为规制与备案审查研究 / 杨向东著. -- 北京 : 中国政法大学出版社,
2024. 12. -- ISBN 978-7-5764-1883-5

Ⅰ. D630.3

中国国家版本馆CIP数据核字第2024PB7728号

出 版 者	中国政法大学出版社
地　　　址	北京市海淀区西土城路 25 号
邮寄地址	北京 100088 信箱 8034 分箱　邮编 100088
网　　　址	http://www.cuplpress.com（网络实名：中国政法大学出版社）
电　　　话	010-58908285(总编室) 58908433 （编辑部） 58908334(邮购部)
承　　　印	固安华明印业有限公司
开　　　本	720mm×960 mm　1/16
印　　　张	12.5
字　　　数	180 千字
版　　　次	2024 年 12 月第 1 版
印　　　次	2024 年 12 月第 1 次印刷
定　　　价	58.00 元

前　言

行政组织法是一个相对生僻的领域，公务员是行政组织中最基本的单元和公务的实施者。自颁布《中华人民共和国公务员法》（以下简称《公务员法》）以来，我国政治学、管理学、行政法学的研究各有重点，形成了丰富且独特的研究领域。然而，针对公务员的研究多集中于公务员培训、公务员绩效等方面，公务员的法治化研究，始终进展缓慢。近年来，全面从严治党、依法治党促使大量的党内法规产生，虽然党内法规主要针对的是党员或党组织，但从另一个层面，实际受其约束较多的还是公务员，所以本书以公务员为题，以公务员的私行为作为规范对象。不过，《中华人民共和国监察法》（以下简称《监察法》）第15条提出对公职人员进行监察，公职人员的范围大于公务员，公职人员的权利义务与公务员还是有所差异，诸多方面参照公务员执行，所以将研究对象锚定为公务员，更为准确。就涉及的权利而言，可以分为个人权利和集体权利，公务员是个体的人，享有宪法规定的基本权利。当国法和党内法规对其行为规范时，不仅会涉及职务行为，而且会涉及职务外的行为，职务行为涉及公权力，职务外的个人行为，笔者将其定位为私行为，这不仅是与职务行为区分，而且是更好地突出个人行为的"私"的特征以及保护。私行为是否需要规范？以及如何规范？不能够想当然，或者仅仅依靠政策去执行，而不考虑其合法性和正当性。对其规范的应有之义，就是私行为的规范要合法合理，因为一旦由于规范不当，造成侵害公务员的行为，就容易挫伤行政的积极性，也会对相关立法及措施的实施造成负面影响。

近年来，不断推进全面从严治党体系建设，各地方党委及政府也发布了不同层次的规范性文件规范公务员行为。一般来说，如何规范职务行为，是公务员法的基本问题。如何规范私行为，则是公务员法及相关立法的新问题。在立法还属于空白的领域，目前党内法规大量出台，从短期内，有效地遏制了行为失范的情况，但党内法规的适用范围毕竟有限，当出现了国家法律与党内法规相冲突的问题，如何协调解决？自党的十八大以来，党内法规是我国社会主义法治体系的一个部分，即为法治体系中的新构成，则必然涉及国法与党内法规的一系列问题，尤其是对于公务员或党员的规范问题。备案审查制度是我国宪法的特色监督制度，其关键作用是保持法治统一，对公务员私行为的规范在延续党内法规和国家法的双重规范下，势必在备案审查过程中逐渐融合成为规范统一的规则，同时通过该制度监督党内立法的规范的合法性和合理性等问题。

任何立法的实施，都必须具有可操作性，对于公务员私行为规范理论和实践的探索，既希望对于公务员法治建设添砖加瓦，也希望进一步厘清党内法规的内涵与外延，以及备案审查在党内法规中是如何适用。2017年，我国对于《公务员法》进行了修正，主要是涉及国家统一法律职业资格考试的问题。2018年12月29日，第十三届全国人民代表大会常务委员会第七次会议修订了《公务员法》，新修订的《公务员法》由原来的107条调整为113条，增加6条，实质性修改49条，个别文字修改16条，条文顺序调整2条。此次修改涉及公务员权利义务的问题以及行为规范的监督，包括了对于公务员私行为的监督，例如增加了家庭美德等问题的惩戒。2018年《监察法》出台，对于公务员的行为规范及监督与惩戒，又形成了新的体系，即国家监察体系，这既需要与原有的监督执纪与监察执法权责统一，立法上则更需要深层次地衔接。尤其是"政务处分""行政处分"共存的情况，《公务员法》以"处分"统一涵盖，与《监察法》中的"政务处分"，有何区分呢？必须强调的是，公务员立法必须应立足于保护公务员权利，进一步规范公务员的私行为，不能够仅强调惩戒，而不注意保护公务员权利，也不能够仅为了惩戒而无限制扩大私行为规制的范围，而不考虑社会接受程度以及人权保护等问题。2019年，中共中央印发《中国共产党党内法规制定条例》及《中国共产党党内法规和规范性文件备案审查规定》，将备案审查制度适用于党内法规和规范性文件，这对于备案审查是新领域的开拓，是对国家法的创新，是对公职人员权利保护的盾牌。本书抛砖引玉，对于这个问题的研究还期待和读者们共同交流，并诚恳接受你们的批评。

目 录 ■

第一章

公务员制度构造

第一节　国家公务员法的理念及规范

根据我国的立法体制，我国公务员法的构成主要为四个层次。一是国家法，包括《中华人民共和国公务员法》（以下简称《公务员法》）、《中华人民共和国监察法》（以下简称《监察法》）和《中华人民共和国政务处分法》（以下简称《政务处分法》）等；二是国务院制定的行政法规，例如，《国家公务员暂行条例》《行政机关公务员处分条例》（以下简称《公务员处分条例》，与《中国共产党纪律处分条例》相区分）等；三是地方性法规和政府规章；四是各级政府规范性文件。其中规范性文件不是法源，但其内容涉及面广，很多规范涉及到公务员的权利义务。究其本质，公务员法是对于承担国家及地方事务的自然人的规范，它关系到公务员的基本权利，也关系到行政权力运行的状况。有日本学者指出："公务员是国家组织的构成员，不是人身依附于当时权力者，公务和私行为是相分离的，作为公务员的地位不是世袭的。"[1]这清楚地表明了公务员的基本要素，更进一步说明了公职行为与私行为不可混为一谈。当然，不可忽略的是，各国公务员之法治发展与其政治体制、经济水平、社会发展具有密切的联系。

一、我国公务员法的规范理念

1993 年，国务院公布并施行了《国家公务员暂行条例》，其第 1 条明

---

〔1〕　［日］鹈饲信成：《日本公务员法》，曹海科译，重庆大学出版社 1988 年版，第 1 页。

确指出："为了实现对国家公务员的科学管理，保障国家公务员的优化、廉洁，提高行政效能，根据宪法，制定本条例。"此后，2006 年《公务员法》正式施行，暂行条例被废止，《公务员法》第 1 条中，立法目的已经做出一定的变化，即"为了规范公务员的管理，保障公务员的合法权益，加强对公务员的监督，建设高素质的公务员队伍，促进勤政廉政，提高工作效能，根据宪法，制定本法"。这种变化，突出了既要保护合法权益，又要加强监督的基本思维和理念。2017 年，我国对《公务员法》进行了修正，主要是调整其第 23 条，"国家对行政机关中初次从事行政处罚决定审核、行政复议、行政裁决、法律顾问的公务员实行统一法律职业资格考试制度，由国务院司法行政部门商有关部门组织实施。"主要是将国家司法考试调整为国家统一法律职业资格考试。2018 年《公务员法》修订，则对于总则第 1 条进行重新调整，指出了"为了规范公务员的管理，保障公务员的合法权益，加强对公务员的监督，促进公务员正确履职尽责，建设信念坚定、为民服务、勤政务实、敢于担当、清正廉洁的高素质专业化公务员队伍，根据宪法，制定本法。"这种变化一方面突出了与《监察法》的配套，并强化监督权责，另一方面，则不断突出了对于公务员的权利保障与监督，《公务员法》从形式法治逐步走向实质法治。

（一）宪法上的公务员

在宪法上对于公务员进行规定，则是某种程度上对于公务员赋予了宪法地位，有利于权利保护。例如，《日本国宪法》第 15 条就指出了"一切公务员都是为全体服务，而不是为一部分人服务"。德国早期的《魏玛宪法》中规定了，"公开、平等、竞争录用人员，全心全意服务于公众。"《德意志联邦共和国基本法》（又称《波恩宪法》，以下简称《波恩宪法》）第 33 条规定了"国家主权之行使，在通常情形下，应属于公务员之固定职责，公务员依据公法服务、效忠。有关公务员之法律，应充分斟酌职业公务员法律地位之传统原则而规定之。"不得不说，宪法中规定公务员的概念或地位，为广义上理解公务员进行了有效的立法说明，对于在后续行政法、刑法等立法工作中明确公务员的界定标准与范围，具有重要的指引作用。1982年《中华人民共和国宪法》（以下简称《宪法》）并没有明确规定公务员的地位，但是其第27条规定："一切国家机关实行精简的原则，实行工作责任制，实行工作人员的培训和考核制度，不断提高工作质量和工作效率，反对官僚主义。一切国家机关和国家工作人员必须依靠人民的支持，经常保持同人民的密切联系，倾听人民的意见和建议，接受人民的监督，努力为人民服务。""为人民服务"规定在了《宪法》中，是对于我国公务员的管理及监督提出的根本要求。

（二）行政法上的公务员

除了宪法规定外，公务员概念及规范更多地出现在行政法上，包括了联邦或中央或地方的立法等。例如，美国的公务员管理法包含美国国会通过的有关公务员管理的法律、总统颁布的行政命令、人事管理部门通过的规章；德国分为《联邦公务员法》和地方州的公务员法，如《巴伐利亚州州立公务员法》等，上述立法对公务员的权利义务、福利待遇等作出了极为全面细致的规定。当然，各个国家国情不同，这种法律上的分类，也导致了国家公务员和地方公务员的分类，进而形成了不同的法律规范和调整。例如，日本《国家公务员法》主要调整的是国家公务员，《地方公务员法》主要规范的是地方公共团体，两者之间存在差距。由于公务行为是根据授权而来，因此，法律依据不同，则行为不同。在我国，公务员管理属于统一管理，主要以国家公务员法作为统一基准。例如，2018年修订的《公务员法》第2条第1款规定："本法所称公务员，是指依法履行公职、纳入国家行政编制、由国家财政负担工资福利的工作人员。"在我国，公务员的外延比较广，除了国家行政机关外，还涉及了司法机关和民主党派工作人员等，当然也涉及《中华人民共和国国家赔偿法》（以下简称《国家赔偿法》）、《中华人民共和国行政许可法》（以下简称《行政许可法》）等一些行政法。2018年《监察法》运用了"公职人员"的概念，既包括了公务员，也包括了事业单位、国企以及教育、医疗等行业的公职人员。

在公务员制度中，如何规定或规范公务员的范围及行为等，则主要依赖于人事行政机关。但是对于高级公务员的任免，则根据宪法规定的人大的人事权来决定。例如，我国《宪法》第62、63条规定了，由全国人民代表大会选举、决定和罢免最高国家权力机关的领导人和有关组成人员，属于最高的人事权。在地方，则由地方人大及其常委会负责，包括对于地方长官的任免。除此之外，大量的人事管理集中在行政机关，为此，国务院进一步出台了相应的行政法规，包括《公务员处分条例》等。国家各部委也出台了不同层次的管理规章，承担了不同职能性的行政职能型立法，例如，早先国家公务员管理局[1]出台的各种规范性文件。地方政府管理当中，也出台了大量的政府规章和规范性文件，可谓"汗牛充栋"。对于公务员管理，从实质上看，虽然管理的范围和职能有所不同，但它们都属于行政规范，属于行政法意义上的公务员。以此作为依据，可以更好地去理解行政法意义上的公务员关系的成立、变更和消灭，这是公务员行政法制上特有的问题。

（三）刑法上的公务员

刑法上也有公务员的概念。在《中华人民共和国刑法》（以下简称《刑法》），对于贪污罪，行贿罪等一些涉及公务员犯罪的规定上，一般涉及公务员在执行公务过程中所形成的犯罪问题，因此，也形成了刑法意义上的公务员概念。这里的公务员的概念和行政法上公务员的概念，主要都是指的是从事公务的公职人员，只不过行为规范不同，法律责任不同而已。例如，公务员如果触犯《刑法》，不仅会被追究刑事责任，而且会被开除公职，但是本书主要的分析对象是行政法意义上的公务员。

二、我国规范私行为的基本体系

在我国，党纪严于国法。党纪，主要涵盖了包括《中国共产党章程》（以下简称《党章》）在内的相关的规则、规定、办法、细则等，统称为

---

〔1〕 2018年3月，中共中央印发《深化党和国家机构改革方案》，将国家公务员局并入中央组织部。中央组织部对外保留国家公务员局牌子。不再保留单设的国家公务员局。

党内法规。姜明安教授将其基本定位为社会法和软法，而非国家法和硬法。[1]国法，则是包括了人大及政府的相关立法，涵盖了宪法、法律、行政法规、地方性法规、规章等。对于私行为的规范[2]，党内法规虽具有强制性，但却不具有普遍性，尤其对私行为碎片化的规定，不利于其有效适用。党内法规与法律共同管制私行为，应当避免规范的分散、实施效果的乏力，同时应基于公务员人权保障，形成更加有效的保障制度及措施。

（一）法律规范私行为

我国《宪法》规定了"为人民服务"的原则。2018 年《公务员法》第 14 条明确规定了带头践行社会主义核心价值观，坚守法治，遵守纪律，恪守职业道德，模范遵守社会公德、家庭美德；清正廉洁，公道正派等原则。该法第 59 条相关纪律的规定中明确了各类禁止性的私行为规范，包括参与或者支持色情、吸毒、赌博、迷信等活动；违反职业道德、社会公德、家庭美德等；违反有关规定参与禁止的网络传播行为或网络活动；从事或者参与营利性活动，在企业或者其他营利性组织中兼任职务等。上述规定集中反映了对于公务员私行为的原则性要求，列举明确，只不过数量偏少。该模式在《公务员处分条例》中也有体现。2002 年人事部印发的《国家公务员行为规范》属规范性文件，随即各地又出台了不同类型的公务员行为规范、道德规范等。[3]"行为规范"统一规定了政治行为规范、廉政行为规范、业务行为规范、职业道德行为规范、外事行为规范、保密行为规范、公文处理行为规范、公务交往规范和婚姻家庭规范等。该行为归类内容庞大，分类简单，在中央或地方难以形成统一有效的分类和有力的措施。国外的经验是将其上升为立法，如欧洲和亚洲日韩等国先后出台了《公务员伦理法》。国内的立法经验是"先地方后中央"。例如，2015 年《上海市委办公厅、市政府办公厅关于进一步规范本市领导干部配偶、

---

〔1〕 参见姜明安：《论中国共产党内法规的性质与作用》，载《北京大学学报（哲学社会科学版）》2012 年第 3 期。

〔2〕 对于私行为的解释以及公私行为之划分在第二章第二节有专门论述。

〔3〕 刘福元：《公务员行为规范立法的实证解析——迈向公务员规则治理的制度文本考察》，载《信阳师范学院学报（哲学社会科学版）》2014 年第 5 期。

子女及其配偶经商办企业行为的规定（试行）》等，逐渐把原则性的立法内容，通过地方立法，加以细化，落到实处。

解决私行为管制问题的关键是操作性问题。在现有国内立法中，并没有清晰的标准。例如，常见的收受礼金行为，主要由地方党内法规原则性地规定了禁止收送"红包"纪律。日本《公务员伦理法》对此行为的控制，都具有可行的标准。在收受礼金时，原则上是禁止接受利害关系者的礼金，但如果是公务员办理丧事且不是基于工作关系，而是出于和其逝去亲友的关系，可以接受利害关系者拜祭的礼金。同样，在公务员的婚礼上，出于"亲友或是配偶的关系"接受利害关系者的贺礼是被允许的，但是基于"公务员自身的工作关系"收受利害关系者的贺礼是被禁止的。对于亲属和学生时期的朋友等，接受有私人关系的利害关系者的金钱等赠与一般是被允许的。其中，突出了两个重要的标准：一是利害关系人认定；二是考虑公务员职务关系，属于此类者，则被严厉禁止。柏拉图曾说："我们建立这个国家的目标并不是为了某一个阶级的单独突出的幸福，而是为了全体公民的最大的幸福。"[1]对公务员私行为的规范，是保证政府公信力的关键，也是各国公务员伦理法制化的重要成果及经验；对私行为立法的精细化的经验，则是保证公务员合法预期，提高制度安排的系统性、科学性，形成不敢腐的惩戒机制、不能腐的防范机制、不易腐的保障机制。

（二）党内法规规范私行为

党内法规是反腐的重要制度依据，也亟待形成统一、明确的规范。在党内法规的体系内，由于制定主体的不同，也形成了中央和地方两个不同层次的制度规范，总体上形成了涵盖党章、准则、条例、规则、规定、办法及细则的体系。作为法律有力的补充，党内法规对于规范党内权力、党员权利，推进法治国家建设起到了重要的作用。从其实施内容来看，大多数党内法规均涉及了公务员的私行为。例如，早期的《中国共产党第十一

---

〔1〕 ［古希腊］柏拉图：《理想国》，郭斌和、张竹明译，商务印书馆1986年版，第133页。

届中央委员会关于党内政治生活的若干准则》（1980 年）、《中共中央办公厅、国务院办公厅关于党政机关在职干部不要与群众合办企业的通知》（1984 年）以及《中共中央办公厅、国务院办公厅关于党政机关干部不兼任经济实体职务的补充通知》（1985 年）等。据不完全统计，从2002 年至 2012 年，中央纪委监察部单独或者会同有关部门起草制定法规制度 230 余件，各省（区、市）纪检监察机关起草制定反腐倡廉法规和规范性文件达 1700 余件。[1] 尤其自 2012 年《中央政治局关于改进工作作风、密切联系群众的八项规定》出台之后，一系列涉及公私行为规范的党内法规出台。例如，《党政机关厉行节约反对浪费条例》（2013 年）、《党政机关国内公务接待管理规定》（2013 年）、《关于在干部教育培训中进一步加强学员管理的规定》（2013 年）、《关于进一步规范党政领导干部在企业兼职（任职）问题的意见》（2013 年）、《关于在全国纪检监察系统开展会员卡专项清退活动的通知》（2013 年）、《关于落实中央八项规定精神坚决刹住中秋国庆期间公款送礼等不正之风的通知》（2013 年）、《关于厉行节约反对食品浪费的意见》（2014 年）、《中国共产党廉洁自律准则》（以下简称《廉洁自律准则》）（2015 年）以及《中国共产党纪律处分条例》（以下简称《纪律处分条例》）（2003 年、2015 年修订、2018 年修订、2023 年修订）等。

上述党内法规涉及多项私行为，例如请客送礼、反对浪费等。由于党内法规属非正式的法源，其规则也缺乏相应的稳定性和程序性，在执行中，仍存在标准不清、执行效果不佳的情况。同时，上述规则在很大程度采取了"命令"或"权威"的模式推进，存在执行力度软硬不均的情况，很多硬性规定"一刀切"，遇到违反规则情况，被处分者存在救济难的问题，有些指导意见性的规则，则遇到了落实难的问题。因此，从行为规范而言，党内法规既具有正当性，也符合当前全面从严治党的利益要求，符合集体及其成员的利益诉求。但要保障这种实施效果的坚持，就必须赋予

---

〔1〕 参见《党的十七大以来反腐倡廉法规制度建设综述》，载 https://news. 12371. cn/2012/09/28/ARTI1348816471215301_ all. shtml，最后访问日期：2024 年 3 月 2 日。

其更多的合法性。

（三）两者的协调问题

在法治体系中，党内法规与国家法律之间不是相互割裂或矛盾的，而是相辅相成，具有相互促进、相互保障的互动作用。[1]有学者进一步认为，党内法规和规范性文件与国家法律是辩证统一的，都是在中国共产党领导下制定的，都体现了人民的根本利益。[2]实践中，除去公务员内心的约束外，党纪国法对于公私行为的双重约束，难免会出现重复规定或规定不一致的情况。就私行为而言，法律上一般概括为四种行为：违法行为、不当行为、不名誉行为、其他损害职务信任的行为。违法与不当行为一般都有明确的法律法规进行规范。例如，杀人、盗窃、性骚扰、饮酒驾驶、交通肇事等；不名誉与其他损害职务信任的行为，则各国规制不一，例如，公务员消极怠工、出入声色场所、参与赌博等。日本《国家公务员法》第82条第1项规定，公务员不得出现与其作为全体国民服务者身份不符的非伦理性行为。其后日本《国家公务员伦理法》与《国家公务员伦理规程》进一步细化和补充了伦理行为准则，并将其列为清单，清单之外的私行为，不得追责。诸如此种形式的立法，在各国较为普遍，同时各国根据法之位阶和司法审查制度，可有效进行监督。

党内法规和国家法律共同规范私行为，是党的优良传统和作风。[3]长期以来，一直以国法的原则性规定、党纪的宽泛化规定执行，其结果导致依法难以操作、依纪则缺乏程序。其中，突出的问题是两者规定出现重复性和冲突性规定，如何解决？一般来讲，法律的归法律，党纪的归党纪。在适用过程中，厘清界限，不造成对公务员权利的侵犯，实属不易。例如，2021年修正的《中华人民共和国道路交通安全法》（以下简称《道路

---

〔1〕 参见孙才华、方世荣：《论党内法规与国家法律的相互作用》，载《湖北社会科学》2015年第1期。

〔2〕 参见韩强：《在党的建设中把党内制度和国家法规统一起来》，载《湖北行政学院学报》2008年第1期。

〔3〕 参见《执政党的党风问题是有关党的生死存亡的问题》，载 https://www.ccdi.gov.cn/yaowen/201812/t20181219_185383.html，最后访问日期：2024年3月2日。

交通安全法》）第91条第1款规定："饮酒后驾驶机动车的，处暂扣六个月机动车驾驶证，并处一千元以上二千元以下罚款。因饮酒后驾驶机动车被处罚，再次饮酒后驾驶机动车的，处十日以下拘留，并处一千元以上二千元以下罚款，吊销机动车驾驶证。"这里的行政处罚行为，是根据过罚相当的原则进行的。与此同时，根据党的纪律处分条例，被处罚的党员干部还会应当追究党纪责任，但之前各地的党纪处分规则标准不一，对于酒驾的处分也出现与法律不一致的地方，甚至更加严格的处分，一些公务员深感权利得不到保障。[1] 2018年修订的《纪律处分条例》第33条第2款规定："党员依法受到政务处分、行政处罚，应当追究党纪责任的，党组织可以根据生效的政务处分、行政处罚决定认定的事实、性质和情节，经核实后依照规定给予党纪处分或者组织处理。"也就是说，由于当事人是公职人员，行政机关就会将处罚情况通报给监察机关及当事人所在单位党组织，从而使其接受党纪处分。各地对于党纪处分的标准还有所缺乏，则必然导致裁量权过大。基于上述行政处罚，党纪可能会出现警告、严重警告、撤销党内职务、留党察看、开除党籍的处分，同时党纪处分又会影响公务员的行为。综上，地方党内法规实施过程中，若缺乏法律的有效约束，又没有类似法律保留原则的制约，以及备案审查制度的约束，则容易形成工具主义，且对公务员的人权造成损害。因此，公务员惩戒的体系中，无论党纪还是国法，均应以保障人权为核心，惩戒为手段，达到"惩前毖后、治病救人"。

第二节　党内法规的规范体系

对于公务员公私行为的规范，主要靠法律、靠制度。唯有制度性约束和程序性控制，才能有效约束公务员的行为。鉴于此，各国公务员立法都

---

〔1〕 2012年《温州市党员干部酒后驾驶违法行为处分办法（试行）》第8条规定："因酒后驾驶违法行为依法被判处刑罚的，党纪给予开除党籍处分，政纪给予开除处分。对于个别可以不开除党籍的，应当对照处分党员批准权限的规定，报请再上一级党组织批准。"

强调道德立法、行为立法、监督立法等，进而形成了有效的法律制度保障。我国公务员制度的实行始于 1993 年，经过多年的完善，形成了今天的体系，但与西方公务员立法不同的是，我国有党内法规与国家法共同约束，这是一个具有国情并能够有效管控的重要体系。例如，每年中共中央都会颁发大量的党内法规，涉及党员管理，当然也包含了部分公务员管理。具体而言，中共中央连续加强廉政建设，2005 年中共中央印发《建立健全教育、制度、监督并重的惩治和预防腐败体系实施纲要》；2008 年以来，中共中央印发《建立健全惩治和预防腐败体系 2008—2012 年工作规划》《建立健全惩治和预防腐败体系 2013—2017 年工作规划》等，当然，中央纪委、宣传部、中央各部委以及地方党委党组织也颁发了大量的党内法规。

一、党内法规的内涵与性质

人们对于党内法规的理解，有多种讨论，有的把它等同于党的制度或党的纪律。简单来说，党内法规是中国共产党制定的规范性文件。《中国共产党党内法规制定条例》（以下简称《党内法规制定条例》）第 3 条规定："党内法规是党的中央组织，中央纪律检查委员会以及党中央工作机关和省、自治区、直辖市党委制定的体现党的统一意志、规范党的领导和党的建设活动、依靠党的纪律保证实施的专门规章制度。"对党内法规这个定义，应明确如下四个要素：（1）制定主体的特定性。即党内法规的制定主体只限于党的中央组织以及中央纪律检查委员会、中央各部门和省、自治区、直辖市党委，党的省级以下组织无权制定党内法规；（2）规范对象的特定性。即党内法规是规范党组织的工作、活动和党员的行为规范；（3）表现形式的特定性。即党内法规是党内规章制度的总称；（4）效力的强制性。从目前党内法规的实施来看，还应该强调其实行的强制性，这种强制力依赖于强力的执行机构和执行程序。因此，本书倾向于将党内法规界定为由中国共产党制定的具有强制执行力的规范性文件的总称。

据上，党内法规具有以下四个基本特征。

第一，党内法规是调整党内行为的规范。国家法适用对象是"人"，党内法规主要针对的是党组织和党员及其行为，这是其与法律最直观的区别。所以，党内法规是对党内行为的规范，这种规范具有其特有的范围和执行方式，甚至也具有高度的概括性和抽象性。

第二，党内法规是中国共产党制定的规范。《党内法规制定条例》已经非常明确指出了党的中央组织、中央纪律检查委员会、中央各部门和省、自治区、直辖市党委等为其制定主体，并相应地指出了专门的机构，例如中央办公厅、中央纪律检查委员会、中央各部门和省、自治区、直辖市党委负责职权范围内的党内法规制定工作，其所属负责法规工作的机构承办具体事务。这种统一性的规定，既反映了党的高度统一性，也突出了党内法规的高度统一性和根本性。

第三，规范党内主体的权利与义务关系。任何规范都必须以权利和义务为指向，党内法规也必然以党内主体的权利和义务为内容。具体而言，即通过权利与义务的规范，采取禁止、命令等形式，规定了党员或党组织等党内主体的权利和义务。例如，我们经常强调的政治纪律、组织纪律等，均列举了一系列规范党内主体的禁止性行为。

第四，党内法规具有强制性。法律一般具有指引、评价、预测、教育、强制五个功能。作为党内法规也具有类似的效果，但是党内法规要有效地发挥作用，必然使得违反党内法规的行为得到惩戒，就必须具有一定的强制力。例如，纪律检查委员会所执行的部分党内法规，就具有堪比"硬法"的效力。当然，强制力的运行，则必须要有法定主体根据法定程序执行，否则，就会出现违宪违法的问题。

对于党内法规的性质，即党内法规是否是法律，或者说党内法规是不是法，一直以来争议很大。基本上有两种观点：一则说是法。姜明安教授认为，现代法的范畴不仅包括国家法，也包括社会法和国际法；作为与国家法相对应的"社会法"是指由社会组织，如政党、社会团体、行业组织、社会自治组织等制定的调整其内部关系和相应社会运作所涉及的外部关系，规范社会组织内部机构、内部成员行为以及相应社会组织运作所涉及的外部组织、外部人员行为的规则系统。剖析党内法规的一般特征，其基本定位应该属于社会法。同时他认为党内法规是"软法（soft law）"。[1]也有学者认为，党内法规是"活法（living law）"。认为"中国共产党的章程、规则是经过了特定程序制定出来的，是广大党员必须遵守的，有着很强的约束力，甚至对于其他社会成员也有很强的示范效应。"[2]二则说不是法。法具有严格的制定主体，要由立法机关经过法定程序后，方可形成立法。执政党立法，一是不具有立法权，二是党内法规不具有法律属性。上述争论均涉及党内法规性质的核心问题。

法是调整社会关系的规范。一般认为，由国家制定或认可并具有强制力的规范，即为国家法。党内法规的出现，及其性质到定位，目前还是应严格按照《中华人民共和国立法法》（以下简称《立法法》）界定法为妥，党内法规作为一种事实上的存在，影响到法律，并成为社会主义法治体系的一个部分，是时代赋予其的历史使命，具有一定的阶段性。从目前党内法规的发展来看，其体系化的过程就是最终将其转化为法律。即使发生与法律相冲突的地方，根据《党内法规制定条例》和《备案条例》，也应设置相应机制，使其务必遵守宪法和法律。我们要清楚地认识到，党对国家和社会的领导，通过法律及党内法规予以体现，两者之间具有本质差别。诸如前言，党内法规适用于党员和党组织，而法律则适用于全体社会成员，要避免党内法规的工具化，要避免党内法规代替法律。

二、党内法规的体系

党内法规体系是由中国共产党制定的《党章》及其主导下的各个党内法规部门所构成的整体。在党内法规体系中，也可以把它分为中央党内法规和地方党内法规，并构成了党内法规制度。这种结构关系的层次，正是

---

〔1〕 参见姜明安：《论中国共产党党内法规的性质与作用》，载《北京大学学报（哲学社会科学版）》2012 年第 3 期。

〔2〕 张立伟：《法治视野下党内法规与国家法的协调》，载《中共中央党校学报》2011 年第 3 期。

我们认识党内法规规范之间的差异性和统一性的结果。目前，党内法规的体系，具有以下基本的特征。

（一）党内法规体系的统一性

党内法规体系的统一性是党内法规体系最显著的特征。党内法规的统一性体现在以下几个方面：第一，党的指导思想的一致性。中国共产党是以马克思列宁主义、毛泽东思想、邓小平理论、"三个代表"重要思想、习近平新时代中国特色社会主义思想作为自己的行动指南。这个指导思想在《党章》中明确地进行了表述。各个党内法规部门、党内法规制度和党内法规规范都是《党章》的具体化，是在党章原则指导下的具体化。这就从指导思想上保持了高度的统一性。第二，党的性质、宗旨和目标的一致性。中国共产党是中国工人阶级的先锋队，同时也是中国人民和中华民族的先锋队，是中国特色社会主义事业的领导核心，代表着中国先进生产力的发展要求、代表着中国先进文化的前进方向、代表着中国最广大人民的根本利益。党的最高理想和最终目标是实现共产主义。在这种性质、宗旨和目标的指引下，中国共产党的各级党组织在制定党内法规时就要遵循这样的基本要求。在这些基本要求的规范下，党内法规保持着高度的统一性。第三，共同原则的一致性。虽然党内法规规范具有不同的内容和形式，但都是在共同的原则指导下制定出来的，反映了党的相同的价值观和原则要求。

（二）党内法规体系的层次性

中国共产党各级党组织制定的党内法规是个庞大的体系。由于各级党组织在党内所处的位置和各自的分工不同，因此，制定的党内法规也是调整不同类型主体的行为。党内各个主体在党内发生相互联系的时候，所遵循的原则和规则的要求也是不一样的。因此，党内法规在调整党内主体行为的时候呈现出层次性。例如，《党内法规制定条例》第5条第1款规定："党内法规的名称为党章、准则、条例、规定、办法、规则、细则。"第29条第2款规定："中央党内法规采用中央文件形式发布。中央纪律检查委员会制定的党内法规采用中央纪律检查委员会文件形式发布。党中央工作机关制定的党内法规采用党中央工作机关文件形式发布。省、自治区、直辖市党委制定的党内法规采用党委文件或者党委办公厅文件形式发布。"

（三）党内法规体系的相对稳定性

党内法规体系的稳定性表现在现行的党内法规体系在一定的历史时期是相对稳定的。虽然，党内法规所调整的党内关系在中国共产党的历史上呈现出复杂多变的特征，但是党内法规调整这些党内法规所遵循的一些基本原则和规则却是比较稳定的。比如，"四个服从"，即党员个人服从党的组织，少数服从多数，下级服从上级，全党各个组织和全体党员服从党的全国代表大会和中央委员会。中国共产党是个政治组织，它对党内关系主要是政治、思想和组织的调整。从民主革命以来，这种调整基本上都是稳定的。这主要取决于中国共产党的宗旨、性质和目标的一致性和内在的连贯性。[1]

根据《党内法规制定条例》，党内法规基本构成三个基本层次。

第一，《党章》是最根本的党内法规，是制定其他党内法规的基础和依据。《党内法规制定条例》第3条对此作了明确说明，作为中国共产党党内生活的最高法规，是伴随着中国共产党的建立、发展而不断成熟的。党的章程，是以成文的形式表达的党的组织规章和办事条例。中国共产党的《党章》是党的根本法规。其内容包括了党的政治纲领、组织原则，以及有关党的组织制度、宗旨、性质和奋斗目标等基本问题的规定，是党的建设的全面性的指导文件。

第二，党的中央委员会制定的基本党内法规。中国共产党中央委员会是党的全国代表大会在闭会期间实际行使党内最高权力的组织。所以，由党的中央委员会作为制定主体制定的党内法规在党内具有很高的位阶，是仅次于《党章》的党内基本法规。这些基本法规是《党章》所确定的原则的细化，是关于党内某一方面重要问题的具体化和规范化，是将《党章》的抽象内容进行具体化的一个环节。

---

〔1〕 参见殷啸虎主编：《中国共产党党内法规通论》，北京大学出版社 2016 年版，第 53 页。

第三，操作性党内法规多表现为规定、办法和细则。它是《党章》所确定的党内法规的原则在实施过程中的具体化。规定、办法和细则制定的主要目的就是如何落实和实施党章、准则、条例和规则所确定的原则和方向，将党内法规体系中"应然"的状态转化成"实然"的状态。

综上所述，党内法规体系具有科学的内在结构，应是一个有机协调的统一体。随着党内法规体系化进程的推进，党内法规结构会越加完善，内容会越来越丰富，并且与国家法律形成相互协调，相互补充，而不是矛盾和冲突的关系。党内法规的效力层次，也会更加科学和合理，并且更好发挥党内法规的功能。

第二章

公务员的公私行为划分

第一节　公务员职务关系划分

公务员是行政权力具体执行者，在实践中，他或她会有多种身份，既是宪法下基本权利的享有者，也会代表国家，会执行公务活动或者政治活动。除公职身份之外，还会从事个人行为，或称为职务外的行为，即私行为。[1]对于行为进行划分，首要前提是如何把公行为（公职行为）或者政治行为与其区分开来。

一、职务行为的界定

职务行为，或者说公务行为，简单理解为执行职务的行为。关保英教授曾对职务行为进行了界定，并且最终落脚在行政行为上。公务行为就是公务员在代表行政机关行使职权时的行为，此时行为主体具有公务员身份，所实施的行为是行政行为；反之，若公务员的行为不是由行政职权导致的，则不是行政行为。[2]胡锦光教授认为，职务行为就是公职人员行使职权的过程。[3]对这个问题，学术界也有争议，并进而讨论了区分标准。

由于执行职务的程序来自国家法定，而权力的运行有时间、空间约

---

[1]　私，意思是私人的，自己的，与"公"相对。为此，本书主张采用"私行为"的定义，而非个人行为，但从语言习惯上，很多时候，人们一般提及"个人行为"居多，本书中的"个人行为"和"私行为"保持同一意思。

[2]　参见关保英：《行政法教科书之总论行政法》，中国政法大学出版社 2005 年版，第 745 页。

[3]　参见胡锦光、余凌云主编：《国家赔偿法》，中国人民大学出版社 2011 年版，第 49 页。

束，所以在执行过程当中，有些可能超出了职务范围，或者难以区分，而且职务行为也是国家职责的范围。我国目前很多行政机关的职责规定过于笼统，在这种情况下，也会导致职务行为划分的模糊。一般来说，构成职务行为，要具备三个要件：

第一，国家工作人员。根据我国《公务员法》第 2 条对于公务员的定义，其明确指出了公务员是干部队伍的重要组成部分，是社会主义事业的中坚力量，是人民的公仆。这种定位，就明确了公务员的基本界限。当然，随着行政授权及委托的增加，我国国家工作人员的外延依然在扩大。

第二，执行职务。指国家工作人员行使行政权力，履行行政职责。例如，公安机关实施人身限制措施，工商机关进行行政处罚，城管进行城市管理执法等，一般都具有时间和空间上的特殊要求，即上班时间和管辖范围。当然，由于大数据的发展，行政执法具有了很多形式上的变化与创新，例如，环保部门利用无人机，利用监控摄像头进行污染防治执法，交通警察利用执法记录仪进行执法等等。究其本质，仍然无法脱离时空的限制，无法脱离授权的规定。

第三，与职务行为有关联的行为。职务行为的运作和实现，还需要具备各种客观条件，以及与之相关的行为。比如，为了行政处罚，而对行政相对人实施的行政强制措施。在公务的行为当中，执法需要根据法定程序，并经过关联的行为而实现最终的目的。行政行为的实施过程中，是需要有多个行为连续完成的。例如，行政强制执行程序中，有催告、说明理由，然后是自己履行，当履行不能的情况下，最后才是强制执行，其中也包括了很多的事实行为，所以，公务员履行职务的行为中，与其关联的行为则较为突出。

第四，承担职务行为的法律责任。公务员造成行政行为违法或不当，会承担相应的国家责任和法律责任，例如，《公务员处分条例》《国家赔偿法》等立法都明确规定了相应情形。理论上，国家还可以依法追偿。

二、职务行为的划分标准

通说认为，公务员的职务行为与个人行为的区分标准大致可以分为主观标准说和客观标准说两类。主观标准说主张以侵权行为所体现的意图为判断标准。由于行政主体的行为往往涉及行政机关的意图和行政工作人员的意图，故而主观说又分为行政机关主观说和公务员主观说。行政机关主观说认为，判断某一行为是否属于执行职务，应以行政机关的意思表示为标准，公务员的行为只有在执行行政机关的命令或授权事项的范围之内，才属于执行职务。客观标准说，又称形式说，或外表标准说，认为判断某一行为是否为执行职务的行为，应以行政机关工作人员行为的外部特征为标准。凡是在外观上以执行职务的形式所作的行为，不论行政机关或公务员的主观意思如何，均视为执行职务。上述两种观点，各有侧重，也各有偏颇。我国一般采取综合说，并形成了各种标准，基本情况如下：

1. 两项标准说。该说主张以行为人的身份和行为人的职权为职务行为的判断依据，认为"公务员利用其公务员身份或职权所进行的一切活动，不论这种活动是否越出了他的地域管辖权，也不论这种活动是否逾越了他的专业管辖权"，都是职务行为。[1]

2. 三项标准说。该说认为，执行职务的行为（公务行为）应符合以下三项标准：第一，公务权力。国家机关工作人员的公务行为具有行使公务权力的特征，这是该行为区别于机关法人的工作人员的职务行为及个人行为的本质特征。第二，公务意向。即国家机关工作人员在行为过程中明确表示行使公务权力，从事一定法律行为的意思表示。公务意向应理解为通过其行为（口头的或行动的）明白表示的机关的意思。第三，公务行为形式。即国家机关工作人员的整个行为过程的客观形态，这种客观形态按照法律、法规及规章的规定，具有表明公务权力和公务意向的特定含义，是区分公务行为的外在表现形式的客观标准。[2]

---

〔1〕 罗豪才主编：《行政法论》，光明日报出版社1988年版，第317页。
〔2〕 参见张越：《公务行为的法律界定》，载《行政法学研究》1996年第1期。

3. 四项标准说。该说认为，公务行为必须符合四个条件：一是作出该行为的自然人有公务员的主体资格；二是该自然人必须以有该项行政职权的行政机关的名义实施行为；三是该行为必须是公务员行使职权范围内的行为；四是实施行为的公务员主观动机和目的必须正当，只有出于依法执行公务的动机和保障相对人合法权益目的的行为才能认定为公务行为。总之，只有完全合法行使职权的公务员行为才属于公务行为。另外，该学说还提出，越权行为如果出于公务员的疏忽大意、认识有误或职责不明，就行为人的主观动机和目的而言，属于执行公务的一种过失。[1]

4. 五项标准说。该说认为，应当以行政职务关系和行政公务人员资格为前提条件，以行政公务人员所担任的行政职务和所属行政主体的行政职权与行政职责为基础核心，综合考虑以下相关因素，作为确认行政公务行为的基本标准：一是时间要素。行政公务人员在上班时间实施的行为通常被认为是执行公务的行为，在下班后实施的行为则是非执行公务的行为。二是名义或公务标志要素。行政公务人员的行为是以其所属的行政主体之名义或者佩戴或出示能表明身份的公务标志实施的，视为执行公务的行为，以个人名义实施的，则视为非执行公务的行为。三是公益要素。行政公务人员的行为涉及公共利益的或者以公共利益为目的的，通常视为执行公务的行为，不涉及公共利益或者以公共利益以外的其他利益为目的的，一般则视为非执行公务的行为。四是职权与职责要素。行政公务人员的行为属于其职权与职责范围内的，视为执行公务的行为，而不属于其职权与职责范围内的，则视为非执行公务的行为。五是命令要素。行政公务人员的行为是根据其主管领导的命令、指示或者委派实施的，通常视为执行公务的行为，反之则属非执行公务的行为。[2]

三、公职行为与私行为的边界

无论主观标准还是客观标准，都无法尽善尽美。这个问题也是困扰行

---

[1] 参见罗豪才主编：《行政审判问题研究》，北京大学出版社1990年版，第100页。
[2] 参见王连昌主编：《行政法学》，中国政法大学出版社1997年版，第89页。

政诉讼及行政复议能否有效立案的一个关键问题，因为只有公职行为，才可以提起相应的行政救济。公职行为和私行为是两种不同的行为，应该具有本质的区别。这种本质的区别，表明了公务员的行为乃是行政主体的行政行为，是运用国家权力的行为。也正因为这一点，作为公职的要素，在各种关系中得以体现。但是不可忽略还有一些问题，错综复杂。比如，方世荣教授列举了几种特殊情形：

（一）国家公务员运用职务上的职权处理私人事务

这就是常见的以权谋私、以权谋利的行为。国家公务员在行使职权当中，若发生越权和滥用职权的行为，则为违法行为。不可否认，某些公务员出于私利，就个人事务运用行政职权，并且受益。在这种行为当中，其身份虽然是公职身份，但其行为却是个人行为，因此不能作为职务行为。长期以来，很多行政管理事务涉及私人事务，存在职务管理混合存在的情况。区别起来有点困难，需要具体问题具体分析。

（二）国家公务员运用自己职务以外的但属本行政机关的职权处理私人事务

我们常说"法无授权不可为"，行使国家公务员职务之外的职权，性质是越权。对于这种行为，既不是法定授权，也不是委托，而是盗用或假借，以行个人的私利。这种行为应属于个人行为。

（三）国家公务员运用其他行政机关的职权处理私人事务

这种职权不仅与国家公务员所任职务不相符，而且与其所在的行政机关的职权也不相符。如工商机关工作人员对某个体工商户实施所谓"行政拘留"。国家公务员若运用这种"职权"处理私事、谋取私利，只要其所属行政机关事后不认可为本机关行政行为的，应一律属于个人行为。

（四）国家公务员职务违法行为与个人犯罪行为的混合

国家公务员的职务违法行为在行政法意义上是行政机关的违法行政为，而在刑法意义上却可能是国家工作人员个人的职务犯罪行为，因为刑法规定的一些犯罪是要认定和追究机关、团体主管人员和直接责任人员个人的刑事责任的。由此便可能出现对国家公务员的同一违法职务行为，行政机关与行政机关的公务员个人分别成为一种法律责任主体的情况，即行政机关是行政违法责任主体（作为机关法人），对许多犯罪来讲它们按刑法的规定不能成为犯罪主体，行政机关中的公务人员个人则是犯罪主体，形成双重主体双重法律责任的状况。其一，同一行为具有双重性质，指国家公务员以行政机关的名义实施了违法的职务行为，该行为对行政机关来讲是违反行政法的具体行政行为，对公务员个人来讲则又是刑法规定的犯罪行为。该行为具有的双重性质分属行政机关和公务员个人。其二，组合为一种行为形式的双重性质行为。它不同于上述的同一行为具有双重性质，它是指国家公务员在职务活动过程中实施了相互关联的两个行为，即：违法具体行政行为和犯罪行为，双重性质的行为密切组合在一起，其外表形式似为一个行为。[1]上述国家公务员违法职务行为与个人犯罪混合的情形，同样需要具体问题具体分析，明确区分刑事责任和行政违法责任。

第二节　公务员私行为的划分

自党的十八大以来，全面从严治党已是当前共识，加强制度建设更是将全面从严治党落到实处的关键。虽然依靠党纪国法的双重管制，能够有效地预防和惩治腐败，但由于党内法规和国家法律缺乏相应的协调，极容易导致惩戒行为的失范。早期对于"大操大办"的规定可谓五花八门，有限定人数桌数，限定礼金金额，限定宾客身份等。[2]对于私行为，《公务员法》和《公务员处分条例》并无直接规定，由此引发两个关键的问题：

---

〔1〕　参见方世荣：《论国家公务员职务行为与个人行为界限的几个问题》，载《法商研究（中南政法学院学报）》1995 年第 4 期。

〔2〕　参见湖南省的《关于党和国家工作人员操办婚丧喜庆事宜的暂行规定》第 1 条规定，不准大操大办婚丧和其他喜庆事宜。婚礼宴请人数一般不得超过 200 人（20 桌），婚嫁双方同城合办婚宴的，宴请人数不得超过 300 人（30 桌）。葬礼应从严控制规模。除婚礼、葬礼外，其他喜庆事宜禁止以任何方式邀请和接受亲戚（直系亲属、三代以内旁系亲属及近姻亲）以外人员参加。

一是从严治党中，公务或职务行为与私行为交织在一起，难以区分，容易给权力寻租以空间，也会助长奢靡之风；二是惩戒的依据，由党内法规与国家法律交织而成，尤其对私行为的规范，目前更主要的是依靠党内文件的形式，配合严格的党内监督和行政监督推进，但容易导致工具主义。王岐山同志在2013年2月26日党的十八大中纪委第二次全体会议工作报告中强调要深入推进反腐倡廉法律法规制度建设，要制定《纪律处分条例》和《公务员处分条例》的配套规定。[1]有学者也进一步指出，要使反腐取得根本成效，保护好公务员的人权，就必须将党内法规中的规范性内容转化为具有权威的法律法规。[2]

一、依法规范公务员私行为

在西方，公职人员是指通过非选举程序而被任命担任政府职务的国家工作人员，或称为事务官。在我国，公职人员主要指就职于国家政府机构的工作人员。根据我国现行《公务员法》第2条规定，公务员不仅包括了行政机关的工作人员，而且也包括了涉及国家权力机关和司法机关的工作人员，本书着重讨论的是行政机关的公务员。所谓公务员职务外的私行为，是相对于职务内的行为而言，它是公务员私人生活领域空间，并避免形式和实质上与职权行使发生关系。国家要求公务员在私领域同样保持道德操守义务，在形式上，公民经国家任用为公务员后，即与国家发生一种特别的法律关系。基于此关系，公务员既享有一定权利也负担各种义务（包含职务外的道德义务），其义务违反时，国家将有权予以惩戒。实质上，则是为避免因公务员私领域的行为致国家形象受损，丧失人民对政府的信赖。公务员行为主要分为私行为、公务行为、政治行为。由于公务员身份的多元，这三种行为容易错位，并容易导致公私不分，发生以公谋

---

〔1〕 参见中国共产党新闻网《王岐山在中国共产党第十八届中央纪律检查委员会第二次全体会议上的工作报告》，载 http://cpc.people.com.cn/n/2013/0225/c64094-20594572.html，最后访问日期：2024年3月21日。
〔2〕 参见肖俊：《制订我国"政府雇员行为规范与伦理准则"依法约束公务员行为》，载《中国党政干部论坛》2015年第11期。

私、以私篡公的行为。若再缺失法律监管，三者之间的边界则更难以厘清。之所以强化公务员行为约束，在于国民的信赖。亨廷顿曾指出："现代化涉及社会基本价值观的转变，由旧的价值观向新的价值观的突变，那么按照传统规范是可以接受并合法的行为，但在现代人的眼里就成了不能接受的和腐化的行为，这些现象在某种程序上是行为背离了公认的行为方式。"[1]

（一）公私行为的进一步区分

登哈特认为，"新公共服务承认，做公务员是一项社会需要的、富有挑战性的，并且有时是英勇的事业，它意味着要对他人负责，要坚持法律、坚持道德、坚持正义以及坚持责任。"[2]公务员的私行为，存在于两个区域：一是不受法律约束的；二是受到法律约束的。是否还存在灰色地带，也具有争议。本书侧重于受法律约束的私行为。对于没有法律规范的，则为"法不禁止即自由"，严格受到宪法、法律的保护。自20世纪40年代以来，各国颁发的道德或伦理立法，均严格管制公务员私行为，使其不能游离于法律之外。立法目标一则保障依法行政，二则保障公务员人权。随着科技进步和人权保障的日趋高涨，传统行政法强调的公私划分标准已逐渐面临挑战。例如，前节已经论及的主要标准有主观说、客观说、四要件说、综合标准说等，其实质在于公务员的行为是否属于职权范围内的事情，这就是职权要素的观点。实践中，则仍需要具体问题具体分析。再比如，方世荣教授将其区分为国家公务员运用其所任职务上的职权处理私人事务；国家公务员运用自己职务以外的但属本行政机关的职权处理私人事务；国家公务员运用其他行政机关的职权处理私人事务。[3]一般而言，公务员利用其职务上的权力处理私人事务谋取私利的行为，属于违法

---

〔1〕　参见［美］塞缪尔·P. 亨廷顿：《变化社会中的政治秩序》，王冠华等译，生活·读书·新知三联书店1989年版，第27页。

〔2〕　参见［美］珍妮特·V. 登哈特、罗伯特·B. 登哈特：《新公共服务：服务，而不是掌舵》，丁煌译，中国人民大学出版社2004年版，第133页。

〔3〕　参见方世荣：《论国家公务员职务行为与个人行为界限的几个问题》，载《法商研究（中南政法学院学报）》1995年第4期。

的职务行为；若公务员进行私行为呢？例如，公务员在下班时间通过微信、Twitter、微博等应用平台，分享心情、评论社会百态。虽然这属于私行为，但根据现行的党内法规，若推送信息涉及禁止性内容，也会触及纪律红线、法律底线。

综上，公私划分涉及一个重要的利益平衡，即公务员的人权保障和国家利益导向。很多国家，大量的惩戒主要集中在公务行为，私行为的惩戒作为补充，其目的在于行政服务国家的基本思想。美国行政学家弗兰克·J·古德诺曾指出，所有的行政体制中的主要功能，即国家意志的表达功能和国家意志的执行功能，前者谓之政治，后者谓之行政。[1]管制[2]过严，则易压制行政的积极性，尤其人权思想的高涨，使私行为的管制越趋宽松。例如，早期美国纽约州的地方政府对于公务员的行为做了详细的控制，例如发型、发长、鬓角、胡须等外貌。20世纪50年代美国社会受麦卡锡主义影响，甚至对于所交朋友的背景、平时的阅读习惯都加以控制。[3]直到公务员的权利被"宪法化"，才逐渐将公用雇佣关系正常化。严控和放松两种的导向，依赖于政治环境的影响，更重要的是来自法律的规范，其核心在于立足保护公务员的基本人权，但宪法行政法进入公共行政领域，这也必然会带来与国家利益、效率优先等原则的利益冲突。

（二）私行为的归类管理

因为私行为种类繁多、划分不一，划分过多容易导致侵害公务员人权，划分太少又不足以管制，所以很多国家均以立法清单的模式加以明确。常见的一种是采取概括立法和列举范围混合的方式，并对于私行为予

---

〔1〕 参见［美］弗兰克·J·古德诺：《政治与行政》，王元、杨白明译，华夏出版社1987年版，第12页。

〔2〕 我国《刑法》规定的一种量刑种类。管制是对罪犯不予关押，但限制其一定自由，由公安机关执行和群众监督改造的刑罚方法。规制就是由政府设置（出台）规定进行限制。规制作为具体的制度安排，是"政府对经济行为的管理或制约"，是在市场经济体制下，以矫正和改善市场机制内在的问题为目的，政府干预经济主体（特别是企业）活动的行为。对于这个术语，本文在写作中，趋向于使用管制或规制，来规范公务员的行为。在国外的英文著作中，也较多使用regulation来进行管理。

〔3〕 参见张千帆等：《比较行政法：体系、制度与过程》，法律出版社2008年版，第280页。

以独立说明，加以惩戒，例如英美；另一种是采取概括条款模式，例如德日。上述方式均有利于公务员对其私行为有合理预期，也便于惩戒机关操作。概括而言，一般立法均明确了四类私行为，予以惩戒。包括《刑法》上犯罪行为、不当行为（违反行政法规规章等）、不名誉行为、损害职务信任的行为等四种行为。[1]

我国《公务员处分条例》开创性地将行政伦理单独列举，增强其约束性。例如，其第29条规定单独列举了违反家庭美德、社会公德的行为，其后第30、31、32和33条又列举了参与迷信活动；吸食、注射毒品或者组织、支持、参与卖淫、嫖娼、色情淫乱活动的；参与赌博等；违反规定超计划生育等。在实践中，上述行为屡禁不止，高级行政官员违反道德的事情也时有发生。[2]直至中央八项规定和六条禁令的出台与实施，一系列党内法规的禁止性规定，例如接受招待、收受礼金、禁止组织和参与赌博等行为得以遏制，尤以《纪律处分条例》在政治纪律、组织纪律、廉政纪律、生活纪律等多处对党员行为进行规范，如收受可能影响公正执行公务的礼品、礼金、消费卡；生活奢靡、贪图享乐、追求低级趣味等进行了列举并分类管理。对于上述内容，《公务员法》则没有明确规定，仅有原则性条款要求遵守社会公德，尚未与党内法规形成配套立法。从保障反腐败的合法性角度来看，党的十八届四中全会提出，要注重党内法规同国家法律的衔接和协调。所以，当务之急应将近三年来党内法规管制私行为的实践成果及时固化为法律制度。

二、私行为的立法管制范围

各国对于立法管制范围的划定，同样是考虑到国情以及公众的接受程度来制定的。任何一届政府的政策及措施都须在社会各政治集团、各阶层人民的道德尺度前接受正确与错误、正义与非正义等的评价，取得相应的

---

〔1〕 参见杨向东：《国家惩戒公务员职务外行为的法律问题初探》，载《中国海洋大学学报（社会科学版）》2013年第6期。

〔2〕 如一大批落马的部级官员所反映出来的生活腐化、道德败坏事件等等。

价值地位，从而影响着政府的稳定，表现着政府的社会基础和接受程度，促使政府对其活动方向的调整。[1]因此各国的管制范围具有一些共性的地方，例如，均涉及基本的禁止接受礼品；禁止经商或兼职；限制公务外活动；禁止不正当使用政府资信；回避及财产申报制度等。就立法形式而言，在惩戒范围上，一种是采取概括立法和列举范围混合的方式，对于私领域的行为予以独立说明，并予以惩戒；另一种是采取概括条款模式。

（一）概括立法和列举范围的混合方式

美国是最早针对公务员伦理进行立法的，先后于1958年7月制定了《政府服务道德准则》（1985年发展为《美国众议院议员和雇员道德准则》）、1978年颁布了《政府道德法》、1989年制定了《政府道德改革法》以及《行政部门雇员道德行为准则》等。英国先后颁布了《防治腐败法》《文官守则》《荣誉法典》《文官部行政官员条例》等。上述立法的显著之处，就是通过单独立法规定了官员的行为界限。同时，立法还设立了各种权威机构和专职人员加强对行政官员的道德监督和查处。例如，美国联邦政府道德办公室严格限制公务以外活动，包括以下方面：禁止与雇员公职相冲突的外部就业或任何其他外部活动；任何机构关于事先批准外部就业或活动的具体要求；对总统任命者或其他非职业性雇员获得外部收入的限制；作为专家证人提供的有偿和无偿服务的限制；对参加专业组织的限制；对有偿和无偿的教学、演讲和写作的限制；以及筹款活动的限制。作为列举事项，主要依据《美国法典》第五编第七章第7301条，有下列情形可将公务员免职：有刑事犯罪或不名誉或违背道德之行为；酒精过度成瘾（酗）酒；安眠药、毒品等管制物质被滥用。此外，在联邦法院与功绩制保护委员会判决中，以下事由也属违反促进服务效率而应受惩戒：违法兼职、性骚扰、犯罪行为（如胁迫、攻击同事、打斗、赌博、行为不当等）、批评施政、造假及不实陈述、持有或贩卖毒品等。英国公务员惩戒范围，根据《公务员管理法》第四章第923、924节，包括：酗酒与使用麻

――――――――――
〔1〕 参见于安：《美国政府官员行为道德及其法律控制——浅说〈美国政府道德法〉》，载《国外法学》1988年第1期。

醉药、偷窃和诈欺、性骚扰、歧视等。此外，其惩处事由也包括了一般不检行为，如：公务员之非法行为、破产、不名誉行为、赌博、逃避兵役等。

从立法形式来看，美国的政府道德立法层次高，调整范围比较广泛，其核心思想是从刑事责任的管制过渡到了行政责任的惩戒。同时也反映了英美社会对于职务外行为的"零容忍"态度。从行政立法的内容可看出，对于行政人员的道德期望比较符合实际，伦理与法律实现了"同步制约"，即法律对公务员在岗位的道德行为进行有效约束。此外，英美能够形成有效的制约，是受经济人假设的影响。[1]他们首先要求公务员是有德公民，公务员作为一个公民，必须遵守公民的一般品德，同时也是特殊的受信托公民。除了自我利益外，公共行政实践中还要求行政人员具备其他三种品德即公共精神、谨慎和实质理性。

（二）概括式立法

德国的联邦公务员法及地方各邦的公务员法一般采取了概括立法。德国《公务员权利基准法》（简称 BRRG）第 36 条规定，无论职务内外之行为，皆必须符合其职务应用之注意与信赖。《联邦公务员法》第 54 条规定，公务员全力履行其职责，并大公无私地、竭诚地履行勤务。从理论上讲，在对公务员职务的约束，可以一直扩充到职务外行为的领域，既然自愿加入公务员行列，自愿放弃其基本权利，其在职务外的私人行为，则应受职务纪律约束。1967 年，德国《联邦公务员法》增订第 77 条第 1 项第 2 句职务外失职行为之构成要件，"公务员于个别情况下所为职务外之行为，而妨害对其职位之尊敬和信任或官署之重大观瞻者为失职"，2012 年德国公务员的相关法律修订，严格限缩其惩戒范围，而对公务员此类失职行为采取狭义解释。非失职、非影响到行政信赖，一般私领域的行为不受追究。日本的立法比较集中，有《国家公务员法》《公务员伦理法》《公务

---

〔1〕经济人就是以完全追求物质利益为目的而进行经济活动的主体，人都希望以尽可能少的付出，获得最大限度的收获，并为此可不择手段。"经济人"意思为理性经济人，也可称"实利人"。这是古典管理理论对人的看法，即把人当作"经济动物"来看待，认为人的一切行为都是为了最大限度满足自己的私利，工作目的只是获得经济报酬。

员惩戒规则》等，立法有趋于英美的概括式和列举式的混合模式，日本《国家公务员法》第99条规定："职员不得有伤官职之信用，或使全体官职不名誉之行为。"《公务员伦理法》第1条第5款："职员于工作时间外，亦须警觉其行为举止将影响公务之信用"。[1]此外，日本地方公务员法第29条规定："有损全体公务员形象之不当行为者"，包括不得诈欺、严禁酒后驾驶等行为要求。

德国、日本虽然采取了概括式立法，但其规范的内容细致，也具有可操作性，对产生腐败的行为有恰当的惩戒措施。其缺点在于惩戒范围不太确定，对于失职构成要件，是需要依据公务员法理及判例来确定。同样，无明确的列举事项，也容易导致公务员无法预见其行为的后果。综上所述，各国虽国情不同，但大多包括了刑法上的犯罪行为、不当行为（违反行政法规规章等行为）、不名誉行为、损害职务信赖的行为等四种行为。其中，对于公务员影响较大的为不声誉行为，同样是否对于该行为进行立法约束，各国介入的程度不同，比较而言，英国和美国管制范围最广，介入最深。

---

〔1〕 阎树森：《日本公务员制度研究》，国家行政学院出版社2001年版，第75页。

第三章

公务员私行为的立法规制

第一节　国家与公务员的关系

英国著名法律史学家亨利·梅因通过对原始社会的社会结构、法律制度与宗法制度的分析比较，论证了法及人类社会发展的一般途径，认为"所有进步社会的运动，到此为止，是一个'从身份到契约'的运动"。[1]公务员关系的演变也同样如此，从历史上的主仆关系，到特别权力关系，到形成目前在法治社会下的契约关系。

一、公法契约关系

第二次世界大战后，特别权力关系理论在德国、日本等国经过修正，例如，德国的乌勒，提出将特别权力关系区分为"基础关系"与"管理关系"。[2]在基础关系中，行政主体所作出的行为被视为行政处分，应当适用法律保留原则，并允许相对人不服该处分而寻求司法救济。但在管理关系中，行政主体的行为被视为达成行政目的的内部规则而非行政处分，因而不需要遵守严格的法律保留原则。但乌勒的理论无法准确解释涉及公务员基本权利的程度来定位"基础关系"与"管理关系"之间的界限。于是，一种新的理论便应运而生，即"重要性理论"。这种理论主张，在特别权力关系中，无论是基础关系还是管理关系，只要涉及"重要性"事

---

〔1〕 ［英］梅因：《古代法》，沈景一译，商务印书馆1984年版，第96~97页。

〔2〕 参见翁岳生编：《行政法（上、下册）》，中国法制出版社2002年版，第272页。

项，即涉及当事人基本权利的，就应当适用法律保留与司法救济；相反，对于"非重要性"事项，就不适用法律保留与司法救济。1972 年 3 月 14 日德国联邦宪法法院作出一项"刑事执行判决"。该判决认为，监狱当局在未获得法律许可的情形下检查犯人的信件，是对犯人通信自由的侵犯。该案中，监狱主张依传统的特别权力关系理论，得以主管机关制定的《监狱管理规则》作为检查信件的依据。联邦宪法法院对此予以了否定，并判定此监狱规则违宪。该判决意味着法律开始进入传统的特别权力关系领域，而特别权力关系理论开始正式遭到废弃。在日本，基于特殊权力关系的行为，分为内部行为和外部行为，前者涉及相对人的权利义务，单纯为特别权力关系内部的行为，不得提起行政诉讼；后者涉及相对人个人权利义务，法院应予以审查。

对此，在日本也有一些争论，日本的法律将公务员关系直接等同于劳动契约关系，或勤务关系。但这与勤务关系有本质性的区别。一是它来自公法契约的约束，当事人一方是国家或地方团体，公务员是被雇佣的关系，其权利和义务受制于公法契约。我国并没有明确特别权力关系理论，但是在解决国家与公务员的关系上，却采取了特别权力关系的观点，目前的《公务员法》、《中华人民共和国行政复议法》（以下简称《行政复议法》）和《中华人民共和国行政诉讼法》（以下简称《行政诉讼法》）严格区分内部行政行为和外部行政行为，且内部行政行为不可诉。对于公务员法治化的管理，如果还停留在过去的落后的理论上指导，不仅会侵害公务员正当权利，而且也会影响法治政府的建设。

二、对于私行为的立法管理

德国联邦宪法法院经审理"公务员忠诚案"认为，为了社会政治系统运行及种群、少数者和个人通向尊严生活的机会，拥有多方面和复杂任务的现代行政国家必须依靠一个完整、忠诚和致力于宪法秩序的文职系统才能适当、充分和及时地履行其任务，假如文职系统不再可靠，在危机情形中的国家和社会将失效。公务员忠诚义务的核心是政治忠诚义务，这并非指一种与当时政府政策或目标一致的义务。然而，公务员无视其不足而赞成国家和现存宪法秩序，珍视其价值，并通过持续而坚决的措施加以保护，一个公务员这样履行其义务并可能以此为基础且在宪法秩序的框架内运用宪法手段表达批评和支持现存条件的变化，政治忠诚的义务即对国家和宪法的要求除了冷淡、冷酷和疏远国家的态度，不止是一种形式上的正确。它尤其要求公务员使其自身明确地远离攻击、反对和诋毁国家……乃至现存宪法秩序的企图和团体。[1]简而言之，公务员行为需要法律规范，虽然各国对于公务员的管制逐渐放松，但是立法都毫无疑问地严格规范公职行为，并以私行为管制为辅。

（一）道德规范

传统以来，道德或行政道德，对于公务员在特定职业和职务方面予以规范，包括现行立法对此也有所表述。公务员的行政伦理可以做广义和狭义之分，广义指公众所期待的和符合其外在形象和精神的要求状态，狭义指法律禁止的私行为。有学者将目前的行政道德失范归结为十二种类型：地方保护主义和本位主义型、卖官鬻爵型、朋党型、权力设租型、经商型、贪污腐化型、公款豪赌型、隐匿财产型、渎职型、公款公贿型、官僚主义型、泄密型。[2]上述行为不仅仅是单靠道德可以解决的。一般来说，靠行政伦理规范，一是仅能约束最基本的行为；二是缺乏有效制约；三是无法形成震慑；四是行政伦理的标准因国情、乡情、社会认知不同，也难以实施。因此，20世纪以后，以美国为首的很多国家开始以道德立法为模式，推进公务员行政伦理法制化建设，成果显著。

（二）道德立法

世界各国的公务员都曾经出现违法行政的问题。例如，公费报销、空头加班、出入情色场所、公务员经商等。现行立法除了对公职行为的严格管制之外，对如何依法对私行为进行管制的问题，各国基本上延续了法

---

〔1〕　39 BVerf；E334（1975）

〔2〕　参见张磊：《试析我国行政道德失范的原因及治理对策》，载《辽宁教育行政学院学报》2006年第11期。

治化路径。一是依法对公务员进行管理；二是公务员依法享有权利和履行义务；三是公务员必须依法行政；四是公务员的行为必须受到法律监督和约束。为此各国形成了不同的立法体系，比如，美国经过多次"新公共行政时代"建设，形成了丰富的体系及内容。主要包括了：1958 年美国国会参众两院通过的《政府服务道德准则》，1965 年 5 月林登·约翰逊总统以第 11222 号执行令颁布的《行政官员道德纲要》，1978 年美国国会通过卡特总统签署的《政府道德法》，1985 年 7 月 11 日国会两院共同通过的《政府工作人员道德行为准则》，1989 年布什任总统时，联邦政府对《政府道德法》进行了修订，又发布了 12674 号行政命令《政府道德改革法》，1991 年政府道德署颁布了《行政部门雇员道德行为准则》，1992 年联邦政府道德署颁布了《行政部门雇员道德行为准则》。其他还有《国务院官员道德行为准则》《美国众议院议员和雇员道德行为准则》《美国国防部人员行为准则》。另外，美国还出台了《文官法》和《文官法实施细则》。联邦及各州还颁布有道德改革法案，如《1989 美国政府道德改革法案》（The United States Government Ethics Reform Act）。除了联邦立法，还有州立法，包括了：利益冲突（Conflict of Interest）、有关政府的合同（Contracting With Government）、双重职务（Dual Office Holding）、道德监督（Ethics Over-sight）、礼物收受规定（Gift）、游说（Lobbying）、道德培训（Ethics Training）、财产申报（Financial Disclosure）、酬金（Honorariums）、裙带关系（Nepotism）、代理政府事宜代理（Representing Others Before Government）、"旋转门"（Revolving Door）等等。除美国外，加拿大、日本、韩国等许多国家都制定了公务员道德法规。加拿大颁布了《公务员利益冲突与离职后行为法》，墨西哥制定了《公务员职责法》，日本实施了《国家公共事业道德法》，意大利也出台了国家公务员《道德法典》等。为此，国际组织也倡导对公务员道德立法，加强反腐败。除联合国《反腐败公约》外，世界经济发展与合作组织（OECD）发布了《公共服务道德管理原则》，并建议：为推进公共服务的道德行为，成员国需要采取行动，应该给公职人员提供明确的道德规范和指南，确保体制和制度的良好运行。

美国公务员道德立法的理论和实践，可以为我国的行政道德建设，特别是行政道德法治化建设提供有益借鉴。我国也大约是在 20 世纪 80 年代，开始探索道德立法。到目前为止，我国关于公务员职业道德建设的法律和行政法规有：《监察法》《公务员法》《政务处分法》《公务员处分条例》等。关于公务员职业道德建设的部门规章和规范性文件有：《公务员考核规定》《公务员培训规定》《公务员奖励规定》《关于推进公务员职业道德建设工程的意见》《公务员录用规定》《公务员回避规定》《公务员辞退规定》《公务员职业道德培训大纲》《国务院关于发布国务院工作人员守则的通知》《监察部关于对犯错误的已退休国家公务员追究行政纪律责任若干问题的通知》《国务院关于在对外公务活动中赠送和接受礼品的规定》，等等。此外，我们还具有大量的关于公务员职业道德建设的党规党纪。

三、私行为规制的困境

公务员法治化管理是依法治国、依法治党、全面从严治党的重要实践。针对私行为，包括一些道德规范予以立法还有一定的难度。一是道德或私行为容易游离在法律制度之外；二是规制太严，会挫伤公务员的积极性，甚至影响到其基本权利。所以，需要考虑价值平衡，进而坚持规制的制度化和法治化。

（一）加大多维度立法

随着科技的发展，私行为表现呈多样化。很多私行为通过互联网完成，比如公务员发微博、分享朋友圈，等等。如果还是以机械性的法制化自行管理，依靠命令和权威，执行许可或禁止性要求，会导致法律适用的困难。尤其在现实制度运行中，公私行为交叉混合，如果没有立法管制，私行为会严重影响到政府公信力，甚至导致腐败。反之，对私行为立法过严，也容易侵犯公务员的基本权利。什么样的私行为可以被规制？这需要结合现行法律和社会共识来解决。私行为，很显然是一种利己行为，理应受到道德和法律的双重约束，并且不能损害公共利益，因此，私行为立法的原则和标准到底是什么？这是需要值得讨论的，从目前的发展趋势来看，各国都加大了不同层次的立法，形成了多维的管制。

（二）细化立法的标准

什么样的私行为可以被规制？第一种讨论，我们主要是基于道德观，或者道德行为来判断，这是一个最低标准。例如，公务员不能够以权谋私，损害公共利益。同样，公务员的私人行为在实践过程当中，有可能会损害其他私人的利益，比如，包养情妇，介入他人婚姻做第三者，等等。这又会产生一个新的原则，即有害原则。美国的学者对道德立法的研究认为，加强道德素质，使得行政行为成为一种道德行为，但是这种道德行为，并不要求有多么高。既不能够损害公共利益，也不能够损害他人利益。我国考虑道德问题的时候，会导致一种泛化的观点。例如，苏力将中国传统社会案件审理中所涉及的道德称为"司法者的道德性"，把西方法理学强调的道德称为"法律或司法的道德性"。[1]因此，哪些私行为问题可以被强化成为法律问题？英国法学家德富林认为以下四种情况不应予以法律强制：（1）不危及社会统一的个人自由；（2）不超出社会公众的容忍程度；（3）个人隐私；（4）只限于最低限度的道德。本书认为，通过私行为规制立法，有助于提高公务员的道德水准，也有利于增强人民的信赖，更有利于严惩腐败，预防腐败。虽然我们在利用法律来约束自己行为方面存在的理论和实践的不足，但可喜的是，自党的十八大以来，我们加强了党内法规的管理和约束，党内法规约束公务员或者说党员的私行为，已经取得了一定的成绩。因此，私行为立法细化的标准，既要立足于目前的立法现状和科技发展，也要立足于党内法规的发展。一是对严重影响党和人民声誉的私行为，要严肃处理，并加以规制。例如，2015年修订以后的《纪律处分条例》第十一章对违反生活纪律行为列举的几种行为，应和现行相关立法相配套。在立法的过程中，我们基于基本权利的平衡，要对于私行为的

---

〔1〕 参见苏力：《中、西法学语境中的"法律道德性"》，载《国家检察官学院学报》2005年第5期。

规制范围和标准，慎重推进。二是对于严重损害职务行为的私行为，要严格规制。在此以"严重"作为标准，就是指上述行为，给相应的客体造成了一定的损害，并具有相应的因果关系。至于损害的程度或情况，则需要个案评估予以分析。但是在立法方面，建议应有一定的评估标准。以此，评估才更具有操作性。

第二节　公务员私行为立法体系

各国公务员立法情况虽各有不同，但大致形成了健全的体系：一是体系上，形成宪法、行政法法典或行政程序法、刑法典中有关规定以及一些实施细则等规范体系；二是从地域上，有中央或联邦立法和地方立法两种。例如，美国联邦立法有《政府道德法》、地方立法则有州法或《地方公务员法》。日本则从国家层面制定了《公务员伦理法》。

一、宪法规范

各国在宪法中一般有对公务员进行定位，例如《日本国宪法》第 15 条指出，所有公务员均为全体国民的服务者，而非一部分人的服务者。德国《波恩宪法》第 33 条规定均说明了国家与公务员的关系，即要求公务员作为"公仆"，必须接受全体国民的信任和嘱托来执行公务，必须为全体国民的利益而工作，而不能为一党一派、一部分人而非另一部分人的服务者。由此，宪法定位成为相应公务员立法的基础和核心要求。例如，日本的《国家公务员法》《国家公务员伦理法》《国家公务员伦理规程》等内容，均以此为基础。此外，德国《波恩宪法》第 33 条对于公务员的选任及权利义务进行了说明，一方面要求公务员用尽忠诚义务，保障国家必不可少之服务，忠于宪法秩序；另一方面，德国宪法对于公务员的基本权利进行保障。从体系上看，德国形成了基本法、宪法法院判例、法规乃至学说的基本体系。为公务员权益保障提供了坚实的法律基础。

二、法律

法是人类社会最基本的社会准则。在强调对公务员德治与法治并举的同时，各国纷纷加快了伦理法制化的进程。例如，1978 年美国国会通过的《政府道德法》主要有以下内容：涉及了财产申报（Financial Disclosure）；资产处理、回避、后就业限制被称为"旋转门"（Revolving Door）；采购及合同（Procurement and Contracting）；礼物收受及差旅费（Gifts and Travel）；联邦雇员雇用规定（employment）；政府财产及公告（Government Property and Information）；对某些事项的税务征收规定（Taxes in Certain Matters）；政治性活动（Political Activities）；综合法规（Miscellaneous Statutes）。1982 年、1983 年、1989 年美国《政府道德改革法》分别又进行了多次的修改。该法生效后，对于具体的规章又进行了多次的修改，形成了有效的监管机制。

美国的立法实践经验后续被很多国家效仿。例如，日本《国家公务员法》第 96 条第 1 项规定了国家公务员应遵循"作为全体国民的服务者，要为实现公共利益而工作，在履行职务时应竭尽全力，专心致志"的原则，此外，该法在公务员的义务等条款中补充了诸多限制性规定。1999 年日本制定了《国家公务员伦理法》，其第 1 条规定："国家公务员是全体国民的服务者，国家公务员执行职务是受国民的嘱托，采取一些措施，为的是保持国家公务员相关职务的伦理关系，保障国家公务员切实履行职务的公正性，防止国民对公务员执行公务的公正性产生怀疑或不信任。从而增强国民对公务员执行公务的信赖感。"该法共六章四十六条，是对日本公务员法有效的补充。总之，这种立法的体例，后续被韩国、澳大利亚等国效仿。再比如，加拿大颁布了《公务员利益冲突与离职后行为法》，墨西哥制定了《公务员职责法》，日本实施了《国家公共事业道德法》，意大利也出台了国家公务员《道德法典》，法、德、英等国都先后颁布了类似的道德法典。

三、部门规章

完善的立法，有赖于其操作性和执行性。除了中央或联邦的立法外，各部门规章也需要持续跟进。例如美国在 1989 年颁布的行政命令 12674 号《政府道德改革法》，1992 年联邦政府道德署颁布了《行政部门雇员道德行为准则》。其他还有《国务院官员道德行为准则》《美国众议院议员和雇员道德行为准则》《美国国防部人员行为准则》。另外，联邦各州还颁布有道德改革法案，例如，2006 年田纳西州的《政府道德改革法案》（Governmental Ethics Reform Act），2009 年纽约州的《政府道德改革法案》（Governmental Ethics Reform Act）。

除了美国外，英国也先后制定了《公务员价值观》《大臣守则（内阁办公室）》《司法行为指南》《特别顾问守则》《公务员事务专员招录（内阁办公室）》等一系列法律规则，其他西方国家也普遍制定了公务员道德立法，如日本制定的《国家公务员伦理规程》、新西兰制定的《公务员行为准则》、澳大利亚制定的《国防部与工业界双方道德规范》、加拿大制定的《公务员行为准则》以及欧盟出台的《公职人员行为准则》等。现有对公务员道德进行立法的亚洲国家如：新加坡制定的《部长行为准则》《公务员守则和纪律条例》《公务员惩戒规则》等。

四、总结

针对公务员私行为立法，仅靠道德约束私行为，是远远不够的，行政伦理的失范，需要依赖法治。也只有法治才能彻底解决一些失范的问题。经由各国实践的证明，至少表明了立法体系的几点共识：

（一）道德法律化

私行为，是相对于公职行为而言的；道德相对于法律而言，均归属于不同的领域。传统上认为，两者各有其运行机制。例如，私行为或道德行为，主要靠内心或自己进行约束；而法律行为则靠惩戒或强制进行约束，当然也包括一些指导性行为规范。对于私行为或道德的立法，将其上升为法律，则突出了国家法律的强制性和约束性。由于现代社会的发展，尤其是科技与人权的发展，私行为涉及的范围越来越广泛，且与利益挂钩。要加强约束力，这需要靠法律，但这并不意味着道德的弱化，道德同样还会在其领域不断地细化和规范。

（二）体系完备

各国的公务员管理，本就是法治政府建设的重点。立足形成以宪法为指导，行政法、行政程序法、行政命令或规章为体系的规范。立法的明确规定，可以说形成了多维度的规范。这一现象，一个方面说明了立法的水平；另一个方面，则进一步回应了社会的需求，即需要通过严格的立法，规范公务员的行为，尤其包括某些私行为，正如麦迪逊所说："用这种方法来控制政府的弊病，可能是对人性的一种耻辱。但是政府本身若不是对人性的最大耻辱，又是什么呢？如果人都是天使，就不需要任何政府了，如果是天使统治人，就不需要对政府有任何外来的或内在的控制了。"我们需要完善的立法，强有力的执行机构，规范的程序予以保障。

（三）严惩违法不当行为

从各国的立法来看，对于公务员私行为违法的情况，都会追究其法律责任，包括了民事责任、行政责任，甚至是刑事责任。例如，美国规定了公务员提供虚假信息可构成刑事责任。日本的伦理法也规定了，公务员打高尔夫或者接受礼品赠送则会被停职或降薪，严重者会被开除。在惩戒的同时，立法对于程序也进行了健全，若公务员遭受不利处分，可要求举行听证会，行政机关要向其说明理由，听证要根据行政程序规定规范进行。若构成刑事责任，则移交司法机关。当然，在我国除了法律责任外，党内法规也会对相应人员进行追责，甚至是终身追责，其力度不可谓不大。

第三节　我国立法对于私行为规范情况

我国公务员立法起步比较晚，较早的可以追溯到 1957 年颁布的《国务院关于国家行政机关工作人员的奖惩暂行规定》（以下简称《奖惩暂行规定》），其可以视为公务员伦理法制内容细化的开端。1993 年的《国家公务员暂行条例》对于色情、吸毒、迷信、赌博等活动，进行了禁止性规定。这均属于对私行为的规范，但是并没有引起足够的重视。此外，早期的党内法规也涉及了公务员私行为的内容。2005 年《公务员法》对于公务员行为进行了认真梳理和规范，包括对于原先 1993 年立法的继承和发展，但是对于私行为的法治管理与监督、法治意识养成等几个方面的配套略有不足。从各国的经验看，立法一般为概括立法与分散立法相结合的模式。在缺乏专门的公务员伦理法或服务法的情况下，对于公务员私行为的规范，主要还是分散的立法，并予以与相关的党内法规相配合。

一、我国的公务员私行为立法的基本体系

如何建立和实现防止公务员利益冲突的法制体系，是当今国际社会廉政建设的核心问题。国际社会普遍认为要防止公务员滥用权力、从根本上防止腐败的发生，就必须建立科学、合理、有效的防止公务员利益冲突的法律机制，厘清公私利益界限，避免私人利益对公共利益的侵害，进而防止腐败现象的发生。我国对于利益冲突有较早的认识，例如，早期的党内法规对于经商办企业，包括离职后的限制性规定都有涉及。但利益冲突单靠党内法规是无法解决的，利益冲突涉及众多官员的利益，把"权力关进制度的笼子里"并非易事。因此，利益冲突立法始终徘徊在法制边缘。当前，反腐的高压态势，以及要保障反腐的长期性和有效性，进一步促使我们审视这一问题，一定要尽快把防止利益冲突的党内法规上升到"国家法"的高度，用"国家法"的形式规范和监督公共权力的运行过程；一定要尽快在财产申报等空白领域，开展立法调研和推进立法。

我国的法律体系是以宪法为统帅，以宪法相关法、民商法、行政法、经济法等多个部门的法律为主干，由法律、行政法规、地方性法规与自治条例、单行条例等三个层次的法律规范构成的。对于公务员的立法而言，从国家法层面，仍然遵循了这一基本的法律层次架构。内容规制方面，主要包括了专业的公务员管理和监督机构、严格的公务员内部管理制度和外部控制、规范的惩戒程序和激励机制等等。

（一）宪法

1954 年，我国颁布了《宪法》，其第 17 条规定："一切国家机关必须依靠人民群众，经常保持同群众的密切联系，倾听群众的意见，接受群众的监督。"从根本上奠定了公务员伦理法制化建设的基础。1982 年《宪法》第 27 条第 2 款规定："一切国家机关和国家工作人员必须依靠人民的支持，经常保持同人民的密切联系，倾听人民的意见和建议，接受人民的监督，努力为人民服务。" 即为人民服务原则。此外，我国宪法所确立的政治体制也具有监督作用。按照宪法的规定，国家行政机关、监察机关、审判机关和检察机关都由人民代表大会产生，对它负责，受它监督。基于宪法所确立的至高无上的地位，人民代表大会及其常委会可以采用各种形式对各类国家机关进行全面的监督，也包括对这些国家机关内公务员的监督，不但可以监督调查公务员的违法行为，还可以对公务员的违纪行为进行监督。基于人民代表大会及其常委会监督的全面性和广泛性，尤其是作为立法机关所具有的监督权，如能充分发挥其对公务员的监督作用，对行政机关及其公务员的治理，将形成有效的制度约束。

（二）法律

公务员在公职行为中的身份表现为公务员，但其作为公民，也受一般法律的约束，有些立法也对公务员作出了特别的规定。例如，在日本《刑法典》《道路交通法》《行政机关情报公开法》《个人信息保护法》等相关法律规章也共同约束着公务员的伦理行为。我国《公务员法》第 1 条就明确指出："为了规范公务员的管理，保障公务员的合法权益，加强对公务员的监督，促进公务员正确履职尽责，建设信念坚定、为民服务、勤政务实、敢于担当、清正廉洁的高素质专业化公务员队伍，根据宪法，制定本法。" 为了有效地加强法律监督防范，《公务员法》第九章"惩戒"中列出 16 项禁止行为，为惩治公务员的伦理失范行为提供了有力的法律依据。第十七章第 107 条规定了公务员，包括辞去公职和退休后的行为限制。

当前，我国已通过完善法律监督防范机制、法律惩治腐败机制、法律激励保障机制和廉洁自律机制，构建起了颇具规模和颇有成效的公务员法律监督机制。除了《公务员法》外，还有《监察法》，该法对监察对象、监察体制及权限、程序等都进行了专门系统的规定，为监察全覆盖提供了法律依据和法律保障。除此之外，很多基本法，包括《民法典》、《中华人民共和国检察官法》（以下简称《检察官法》）以及《中华人民共和国法官法》（以下简称《法官法》）等，均会涉及公务员的私行为的规范。

（三）行政法规

《监察法》《公务员法》等法律对公务员行为做出相应的规定，但相关条款极为简单，在具体执行中为各级行政机关提供了较大的自主裁量权。事实上，很多有关公务员行为的规范有待于加强。包括主要的行政法规有《公务员处分条例》，该条例主要是对行政机关公务员违反法律、法规、规章以及行政机关的决定和命令，应当承担纪律责任的，依照本条例给予处分。但是该条例与党内法规的一些规定相比较，略有滞后，此外，也有一些行政法规，直接或间接涉及公务员依法行政问题。例如《不动产登记暂行条例》《中华人民共和国政府采购法实施条例》等。

（四）地方性法规及规章

自 2002 年人事部门发布《国家公务员行为规范》外，各地方已经形成了对于公务员多方位的立法，基本形成了对公务员行为的监督主要集中在司法监督、行政监督、党内监督和舆论监督四大方面。例如，上海市发布的规章主要有《上海市实施〈中华人民共和国公务员法〉办法》《上海市公务员考核实施细则》《关于进一步加强公务员职业道德建设的实施意见》。地方以《公务员法》实施办法为核心，辅以公务员职业道德建设政策规范，强化公务员考核办法，综合约束公务员道德和行为，有些地方细化了行业道德立法监管，形成了地方立法的特色，例如山东省专门出台了《山东省法官、检察官职业道德准则》。

除了立法外，公务员的管理还有大量的政策和规范性文件。例如各地方发布的公务员行为规范，其性质为规范性文件。其中大量包含了公务员行政执法等方面的规范，也有一些针对国有企业、高校等企事业单位的道德规范建设。可见各级政府习惯采取发布通知、文件等政策性方式，对国家工作人员的行为，进行双重的规范，即法律与政策、党内法规多管齐下。

对公务员的行为规范，重在人民的信赖。就如美国行政雇员的行为准则中所直言："公共服务是一种公众的信任。每个雇员都对美国政府和公民负责，把对宪法、法律和道德规范的忠诚置于个人利益之上。为了确保每个公民对联邦政府的恪尽职守抱有完全的信心，每个雇员都应该尊重并坚持本节所述道德行为的原则，同时执行本部分和补充机构法规包含的准则。"[1]在我国除了法律对于其公务员行为的重要规范外，还有大量的党内法规，这也是我国的一大特色。例如，早期1984年《中共中央办公厅、国务院办公厅关于党政机关在职干部不要与群众合办企业的通知》、1985年《中共中央、国务院关于禁止领导干部的子女、配偶经商的决定》等。在涉外领域，如1989年《中共中央办公厅、国务院办公厅关于严格控制领导干部出国访问的规定》、1991年《中共中央办公厅、国务院办公厅关于严格控制领导干部出国访问的补充规定》、2000年《中共中央纪委、外交部、监察部关于对跨地区跨部门团组加强管理、监督和检查，坚决制止公款出国旅游的通知》等。在个人收入方面，如2017年中共中央办公厅、国务院办公厅印发《领导干部报告个人有关事项规定》、2014年中组部印发《配偶已移居国（境）外的国家工作人员任职岗位管理办法》等。

随着社会的发展，政治和行政活动不断丰富和变化，我国为应对形势需要，中共中央纪委、监察部于2001年印发《关于各级领导干部接受和赠送现金、有价证券和支付凭证的处分规定》，同年，中共中央办公厅、国务院办公厅印发《关于党政机关工作人员个人证券投资行为若干规定》等。此后，在党的十六大、十七大、十八大、十九大精神中，不断强调和深化公务员职业道德的作用和意义，对加强公务员伦理建设起到了提纲挈领的关键作用。2010年，我党正式发布实施《中国共产党党员领导干部廉洁从政若干准则》（以下简称《廉政准则》），在"禁止利用职权和职务

---

〔1〕《行政部门雇员道德行为准则》，美国政府道德署发布的最终法规经76FR38547修正后编入5C. F. R. Part2635（2011年7月1日）。

上的影响谋取不正当利益"等八个方面对党员领导干部提出了52项"不准",形成了规范党员领导干部廉洁从政行为的基础性法规。2012年12月,《十八届中央政治局关于改进工作作风、密切联系群众的八项规定》正式出台,其中,从轻车简从到不安排群众迎送,从不出席各类剪彩到严格控制出访随行人员,这八项规定细致地体现了中央端正党风政风的决心。2013年6月,中央开始将党的群众路线教育实践活动的主要任务聚焦到作风建设上,集中解决形式主义、官僚主义、享乐主义和奢靡之风这"四风"问题。正是在党和政府的正确领导和推动下,我国的公务员行为规范的法治化日益显著。

综上,目前我们形成了以《宪法》为核心,以《监察法》《公务员法》《政务处分法》为首的法律,以《公务员处分条例》为专门性规定、地方法规和规章为体系的公务员行为规范的法律体系。同时,党内法规也在不断地补充和探索公务员行为管理的新问题、新矛盾,予以相辅相成,形成了具体的管理,包括对于公务员私行为的规制。

第四节　党内法规的衔接与备案审查

党内法规是规范党组织的工作活动和党员行为的规则,其适用范围原则上仅限于党组织和党员。近年来,随着反腐的推进,党内法规逐渐科学化、规范化、系统化,并成为党内监督的重要依据。自2012年,中央发布了《党内法规制定条例》《中国共产党党内法规和规范性文件备案规定》(以下简称《备案规定》)以来,一方面,进一步规范党内法规,提高制定的科学化水平,把党内法规可能与国家法律的冲突性降到最低;另一方面,将规范性文件与党内法规一起纳入备案范围,以此保证党内法规和国家法律的协调衔接,其中联动机制的建立,不仅要进一步厘清相关概念,而且需要相应的制度创新。

一、备案审查

我国宪法序言中明确指出："全国各族人民、一切国家机关和武装力量、各政党和各社会团体、各企业事业组织，都必须以宪法为根本的活动准则，并且负有维护宪法尊严、保证宪法实施的职责。"现行有效的《党章》也规定了，党必须在宪法和法律的范围内活动。在党内法规内，《党内法规制定条例》第 7 条规定了遵守党必须在宪法和法律范围内活动的原则；第 27 条规定党内法规草案需要前置提交审核是否同宪法和法律不一致。2019 年修订的《中国共产党党内法规和规范性文件备案审查规定》（以下简称《备案审查规定》）第 7 条也规定了相同的审查范围。可见，党内法规不得与国家法律相抵触是党章的明确要求，是宪法确立的一项基本原则，也是依法治国、依宪治国的理论基础和现实要求。备案审查制度则是解决党内法规与国家法律相抵触问题的有效方法或处理机制，尤其是党的十八届四中全会要求健全宪法实施和监督制度，提出把所有规范性文件纳入备案审查范围，依法撤销和纠正违宪违法的规范性文件，加大党内法规备案审查和解释力度，这促使我们在法治的视角下，完善党内法规的备案审查制度。

1. 不同于立法的备案审查。备案审查是进行立法监督或宪法监督的基本方式。将党内法规纳入备案审查制度，不同于立法的备案审查。我国《宪法》第 62 条第 12 项规定，全国人大有权"改变或者撤销全国人民代表大会常务委员会不适当的决定"。《立法法》第 108 条第 1 项规定："全国人民代表大会有权改变或者撤销它的常务委员会制定的不适当的法律。"即《立法法》规定了法律、行政法规、地方性法规、自治条例和单行条例的备案审查制度。党内法规一般以中共中央文件、中共中央办公厅文件、中央纪委文件、中央各部委文件和省市区党委文件、党委办公厅文件的形式发布，在实践中，制定主体和发布主体多元，且难以区分。因此，《备案审查规定》基本圈定了四个层次党内立法及其对应的审查机构：一是中央的党内法规，中央办公厅承办党内法规和规范性文件备案工作；二是各省市的党内法规，按照下备一级原则开展备案工作；三是中央纪律检查委员会、中央各部门可建立本系统备案制度；四是中央军事委员会及其总政治部建立党内法规和规范性文件备案工作。这是党内法规从中央到地方，从部委到军队，全方位的"多头"备案审查。与现行的"多头"立法备案审查有类似之处。从实质上看，备案是在上述部门主导下进行的备案，不是第三方备案，或者公民、社会组织所提出的备案。这种备案更不同于行政许可所言的备案，《行政许可法》第61条所指的是规定的行政机关通过核查被许可人报送有关材料履行监管职责的情况。因此，党内法规备案审查属于党内组织对其党内法规的备案与审查。换言之，这是明显区别于立法体系的另一类备案制度，其权力行使的范围及条件，不同于立法机关和行政机关，是故，不可将两者混淆。

2. 不同于立法内容的审查。党的十八届四中全会，将党内法规纳入社会主义法治体系，这是法治的巨大进步。尤其是《党内法规制定条例》《备案审查规定》等体现程序正义的基本要求。审查，指对某项事情、情况的核实、核查。[1]在《立法法》中，立法审查主要指特定主体对立法权运作过程及其结果的审查和控制，不仅监督立法的动态部分即立法过程，而且监督立法的静态部分。[2]简言之，立法审查就是特定主体对立法的合宪、合法，甚至包括合理性的审查。党内法规的审查也是由特定主体所进行的，但其审查的内容不限于合宪性和合法性。根据《备案审查规定》第11条规定了政治性审查、合法合规审查、合理性审查、规范性审查。这四项审查内容既不能和党章及相关政策相抵触，也不能与宪法和法律相抵触。上述审查均为主动审查，并不包括被动审查。

鉴于此，党内法规的备案审查制度，从审查主体，到审查内容及相关方面，是不同于立法审查制度的另一领域的专有审查机制。该专有的审查机制，既无法套用现有的立法审查，也无法有效地进行自身的审查。

---

〔1〕　参见中国社会科学院语言研究所编：《新华字典》，商务印书馆2011年版。
〔2〕　参见黄茂荣：《法学方法与现代民法》，中国政法大学出版社2001年版，第490页。

二、备案审查的范围及标准

(一) 审查范围

根据《备案审查规定》第 1、2 条，重在审查党内法规和规范性文件，俗称"党内红头文件"，该规范性文件不同于行政法意义上的规范性文件，它是党的中央组织、中央纪律检查委员会以及党中央工作机关和省、自治区、直辖市党委制定的体现党的统一意见、规范党的领导和党的建设活动，依靠党的经济保证实施的专门规章制度。对于该审查范围的确定，用词精练，较为明确，但仍然会存在法律交叉或混淆的地方。

第一，党内规范性文件数量众多，灵活性大，增加了内容辨识的难度。例如，2012 年对于 3000 多件党内法规进行了清理。一定程度上，通过备案审查既能保障及时清理与纠错，也能够保障了国家立法的完整性。党内法规除具有上述特点外，因国情需要，在制定和使用内容上，也具有很强的灵活性，尤其是存在大量党内法规替代法律的情况，例如，中纪委 1996 年发布的《中共中央纪律检查委员会、中华人民共和国监察部关于保护检举、控告人的规定》，其保护对象应是所有行使检举控告权的公民，不限于共产党员，而且对于检举控告人的保护需要公安等其他国家机关参与，通过党内法规有利于达到保护目的，但与法律保留原则有所抵触，故由国务院制定行政法规或全国人大常委会制定法律更为妥当。[1]

第二，操作上的困难。根据制定主体，适用范围、署名机构等可以辨识其性质。但是党内法规制定过程中，制定主体主要按照自身的制定权限制定党内法规，缺乏公众参与和程序控制，由此，也导致了党内法规系统性较差，程序缺乏，甚至与国家法律相冲突。鉴于此，审查范围受制于体系的完整性，完整性主要指党内法规的完整性和统一性，如果缺乏必要的完整性，就会影响到审查的范围及审查力度。这直接导致了审查的困难，从另外一方面来讲，也导致了党内法规的工具主义。

---

[1] 参见葛志强：《十八大以来党内法规体系建设研究》，载《中共四川省党校学报》2016 年第 2 期。

（二）审查标准

无论何种审查，诸如立法审查、司法审查，都在相关的程序立法中规定了标准，标准的清晰与否，直接关系到审查的推进及结果的处理。例如，行政法上有合法性审查和合理性审查的标准。司法审查中有严格审查、中度审查、合理审查的标准。标准在应用之中，可以充分体现事实认定、法律解释以及法律适用的微妙区别。

根据《备案审查规定》第 11 条，审查机关对报送中央备案的党内法规和规范性文件进行审查。主要审查以下内容：是否认真贯彻落实习近平新时代中国特色社会主义思想，是否同党的基本理论、基本路线、基本方略相一致，是否与党中央重大决策部署相符合，是否严守党的政治纪律和政治规矩等。是否同宪法和法律相一致，是否同《党章》、上位党内法规和规范性文件相抵触，是否与党内法规和规范性文件对同一事项的规定相冲突，是否符合制定权限和程序，是否落实精简文件、改进文风要求等。是否适应形势发展需要，是否可能在社会上造成重大负面影响，是否违反公平公正原则等。名称使用是否适当，体例格式是否正确，表述是否规范等。

"是否"的标准，属于文本主义的方法，即党内法规参照党章、政策、立法以及常识等，进行文本的分析。进而得出"是"还是"否"的答案。这里的文本主义，就是去发现问题，而不是去建构文本的意义。在不同的审查标准中，都具有不同的方法与模式，源于对法作用的看法不一样。党内法规的制定主体去审查党内法规，必然在自身特定的语境中进行解释并形成适用标准。但无论如何适用，都无法割裂其标准与政治、法律之间的联系。这必然会导致"是否"的标准，并非简单的发现，"是否"的意思可能有宽有窄，也可能需要结合特殊的文本进行估量，并进行调整。毫无疑问，党内法规曾在很长时间弥补了立法的空白，甚至承担改革试验田的作用。为此，它会向两个衡量的标准进行转变。一是顺从。根据文本的解释，做最简单直接的"是否"处理，并不再做多余的有关判断。二是平衡。在考虑文本含义的同时，结合法律，考虑多种因素，进而得出结果，该结果得到了立法机关、司法机关的尊重。但作为原则性规定，党内法规审查，还是要严守文本主义，避免轻易填补法律空白，避免削弱法律的确定性。

（三）处理结果

《备案规定》讲明了党内法规和规范性文件备案，应当做到有件必备、有备必审、有错必纠的原则。该处理程序规定，基本讲明了案件的处理方式。2019 年，中共中央印发《备案审查规定》，其中第五章规定了处理程序，指出审查机关应当根据不同情形作出相应处理决定，主要包括了：（1）直接予以备案通过，并及时反馈报备机关的情形；（2）审查机关可以予以备案通过，并向报备机关提出建议的 4 种情形；（3）审查机关可以予以备案通过，并将相关情况告知报备机关的情形；（4）审查机关可以予以备案通过，并对报备机关进行书面提醒的 6 种情形；（5）审查机关应当不予备案通过，并要求报备机关进行纠正的 6 种情形。上述 5 种处理结果中，审查机关主要还是提出建议，最终修改权在制定主体。具体而言，现行《立法法》第 107 条规定："法律、行政法规、地方性法规、自治条例和单行条例、规章有下列情形之一的，由有关机关依照本法第一百零八条规定的权限予以改变或者撤销……"即制定机关具有"改变或者撤销"的权限。唯有《行政诉讼法》第 64 条规定："人民法院在审理行政案件中，经审查认为本法第五十三条规定的规范性文件不合法的，不作为认定行政行为合法的依据，并向制定机关提出处理建议。"作为同一系统，并作为上级机构，在审查中，仅有建议权，而没有"改变或撤销"的权力，是值得商榷的问题，尤其会对备案审查，能否实质性地开展下去，具有重要的意义。

在法治的视野中，有形式法治和实质法治。党内法规正在从形式上的法治逐渐走向实质上的法治，这确实是一个法治难题。在这个问题上，既要做整体的设计，又要符合实践之需，形成依法治党的党内法规。

三、审查衔接机制

基于党内法规与国家立法的不协调，甚至冲突。有学者进一步指出，其会造成边界不明的冲突，规范模糊的冲突，时效不明的冲突，衔接不当的冲突等。[1]《备案审查规定》第4条第3款写明："各级党委应当与同级人大常委会、政府等有关方面建立健全备案审查衔接联动机制。"备案审查的重点之一在于建立衔接机制，党内法规给出了基本要求，但明显缺乏操作性。有学者指出，党内法规与国家法律具有密切的关系，这是两者协同的前提，这种密切关系主要表现在，党指出了依法治国和依规治党的基本方向，无论是把依法治国确定为治国基本方略，提出建设社会主义法治国家的目标，还是强调把制度建设贯穿于党的建设的各个方面，建设完善的党内法规体系，开辟制度治党的新途径，都是党倡导和作出的重大决策。[2]但实际上，党内法规与国家法律还是具有本质的区别。例如，党内法规所创设的职能部门和所面对的"工作范围对象"不同于国家法律上的法律主体。党内法规上的"人"并非国家法上的"人"。党内法规的职能部门和国家机构部门之间存在复杂的关系。[3]就备案审查而言，两者的备案范围、审查标准、处理方式完全不同。衔接党内法规和国家法在人类历史上几乎无先例可循，对于党内法规和国家法的工作者和研究者来说都是全新的考验。

1. 建立统一的备案审查机制模式。根据《宪法》、《中华人民共和国全国人民代表大会组织法》和《立法法》的有关规定，全国人大、全国人大常委会、地方人大及其常委会分别享有相应的立法审查权。因此，有学者提出，将党内法规纳入违宪或立法审查体系，即由党外机构负责审查党内法规和规范性文件，而不必在党内单独建立一套制度。其主要理由认为，《立法法》规定了在国家法规、规章、规范性文件备案审查制度中，党内法规也算是一种法，也可以将其纳入。[4]有学者认为，这种解释是对

〔1〕 参见陈欣欣：《论党内法规与国家法律的冲突与协调》，载《湖南工业职业技术学院学报》2016年第1期。

〔2〕 参见韩强：《党内法规与国家法律的协同问题研究》，载《理论学刊》2015年第12期。

〔3〕 参见屠凯：《党内法规与国家法律共处中的两个问题》，载《中国法律评论》2016年第3期。

〔4〕 参见宋功德：《党规之治》，法律出版社2015年版，第147页。

于《立法法》的曲解，同时混淆了两者所指的规范性文件的不同。[1]从实践来看，党内机构与国家机构分属不同的体系，由党外机构审查党内法规和规范性文件，就如同由党内机构审查国家立法一样，存在逻辑上的错误，脱离了中国的实际。进一步讲，由人大进行审查，或者由司法进行审查，在我国均存在审查不能的情况，全国人大在我国的国家权力体系中属于最高国家权力机关，主要对自己制定的法律进行解释或监督，因此也享有了最大的审查权力，但这并不必然表明，全国人大可以审查党内法规。因为现实中，还存在一个党领导人大的问题。退一步讲，由司法机关来审查，同样会遭遇体制性障碍，现行宪法及组织法并无此项赋权。为此，统一模式的审查，会将现有的党内法规和国家法律的关系进一步混淆，并容易出现党内法规冲击国家法律的情形，并由于位阶不清的问题，进而也难以付诸实践。也正因此，《备案审查规定》中提及的是备案审查的衔接机制，而非统一机制。

2. 保持"双轨制"模式。党内法规和国家法律本来均属于不同的体系，自然根据现行的立法，进行不同的审查，简言之，"政治的归政治，法律的归法律"，党内法规的制定主体负责审查党内法规，法律的制定主体负责审查法律。在很多关键领域，党内法规和国家法律的关系的纠缠，确实靠双轨制容易出现问题，一是制定过程中，缺乏沟通协调，两者容易产生冲突；二是备案审查中，各行其是，也会使两者之间形成紧张关系。尤其当前，我国的党内法规还在完善和发展阶段，很多重大的立法源自党的领导及相关政策。要实现"井水不犯河水"的情况，从实践来看，过于理想化。不可否认，党内法规在长期的立法及执行中，也存在类似的问题。在今天法治模式下依法治国，不允许任何人或团队凌驾在法律之上，我国《宪法》第5条第4款明确了"一切国家机关和武装力量、各政党和各社会团体、各企业事业组织都必须遵守宪法和法律。一切违反宪法和法律的行为，必须予以追究"。这就需要相应的机制性安排，解决党内法规

---

〔1〕 参见周叶中：《关于中国共产党党内法规建设的思考》，载《法学论坛》2011年第4期。

与法律相抵触的问题。

3. 建立中立独立的审查处理机构。在党内和党外，重新建立一个独立的机构进行审查，既是对现有体制的改革，也不失是一种折中的方案。如有的学者提出了联席会议制度，或者提出中共中央设立相对独立的法治监督委员会。[1]对国家法律及党内法规统一进行合宪性、合法性审查，由于该机构不隶属于任何其他国家机关，也不属于政党内部组织，进而充分保证该机构的中立性。但是这种衔接路径细究起来，类似设立宪法法院的路径，例如，借鉴法国宪法委员会，进行有限的审查。法国的宪法委员会主要对立法进行审查：一是对必须经宪法委员会审查才能公布施行的立法进行审查，包括各类组织法及议会两院的规章，无论是否存在争议，在正式颁布施行以前，组织法由总理提交宪法委员会对其合宪性进行审查。议会两院的规则，则由两院的议长提交宪法委员会审查。二是应总统、总理、国民议会议长、参议院议长、议会议员的请求进行审查。法律在颁布前或者在国际条约批准前，由总统、总理或两院中的任何一位议长或者60名国民议会议员或60名参议院议员提交宪法委员会审查。[2]上述设想同样缺乏法律基础和实践基础，尤其是对于国家法律和党内法规进行审查，始终绕不过去现有的政体，从国家法治建设的角度看，审查机制的建立还是渐进性改进，独立的审查机构与现行的党内法规审查，还存在巨大的反差。

审查机构的重大改革，显然还具有很大的困难。备案审查衔接联动机制意在协调配合，因此，组织建构应立足现有的"双轨制"，推进党和国家备案审查工作深入开展。这种审查或协调的重点在于党内法规是否与国家法律的抵触，是否同党内法规与党章和党的路线方针相抵触，是否同上位党内法规和规范性文件相抵触等。党内事项，则是党内法规备案审查的范围。衔接在于进行备案审查。中央在于与全国人大的工作机制衔接，地方在于与地方人大进行衔接。所以，应建立以下基本原则，以

---

〔1〕　参见秦前红、苏绍龙：《党内法规与国家法律衔接和协调的基准与路径——兼论备案审查衔接联动机制》，载《法律科学（西北政法大学学报）》2016年第5期。

〔2〕　参见周佑勇、王诚：《法国行政法院及其双重职能》，载《法国研究》2001年第1期。

进行衔接。

1. 协商一致的原则。要建立重要党内法规立法前会商机制。党内法规涉及面比较广，现有的党内立法还缺乏一定的程序规范，由于其适用范围及效力不同于法律，为了避免与宪法和法律产生冲突，重要的党内法规在立法过程中，要与人大进行会商，并且做到协商一致。在不同利益表达机制不健全的情况下，协商一致原则，具有不可替代的作用。尤其是在立法的过程中，经过充分的协商一致，保障立法涉及的方针政策、重要制度等达成一致，无法达成一致的，应当将有争议的问题及意见，报送给制定主体，并加以决定。

2. 统一审查的原则。在现有的"双轨制"下，重要的问题及争议也应当建立起统一审查的原则。其中，党内审查主体相对超脱，可以通过特殊的授权，实现主要由人大及政府相关的审查主体进行统一审查，这样做的话，不仅保证了立法的合宪性和合法性，也减少了立法过程中其他主体的干涉影响，保证了审查的公正。就送审的党内法规，全国人大法工委或国务院法制机构，应当主要从以下方面开展审查工作：（1）是否符合宪法、法律的规定和国家的大政方针；（2）是否符合《立法法》的相关规定：（3）是否符合相关法律、行政法规、地方性法规、政府规章等相关程序性规定；（4）是否与其他法律等相协调或衔接；（5）是否有有关机关对送审党内法规就主要问题提出意见及批示等；（6）其他需要审查的内容。

3. 事后审查的原则。审查一般都遵循事前审查和事后审查两个阶段。备案审查，显然所指的是事前审查，而不是事后审查，即不是在适用中发生冲突，进而由有权机关作出审查。这种冲突，主要涉及的是合宪性和合法性的审查。对宪法和法律进行审查，最权威的主体是全国人大常委会及相关法制工作机构。同时，由于人大既是立法者也是审查者，对于被审查法律的立法背景和诸多制度的设计有更多的了解和发言权，因此，由其进行审查能够最大程度地提高效率。若审查发现党内法规与宪法和法律不一致，应当按程序提出修改意见"退回、要求纠正或者予以撤销"。事后审查，一般也是分两种情形，一是有关机关或党务部门主动发现了问题，予以提交申请审查；二是依申请审查，即在党内法规适用的范围内，党员或其他人员认为党内法规侵害了宪法或法律规定的基本权利，有权向有关部门进行申诉或诉讼。由于党内法规与法律的适用不同，政府或法院都具有对党内法规进行解释的权力。因此，备案审查衔接联动机制，不应局限在相关事项上，还需要转送征求意见、联合审查、信息沟通、会商协调等。备案审查，应向全面审查的机制进一步转向，在不具备宪法法院或委员会的情况下，应在未来设立争议权限解决的机构，形成统一的审查范围及审查标准。但同时，也要认识到党内法规和规范性文件的特殊性，即主要对党员规范时，容易产生权利侵犯的情形，若党员进行救济，主要还是通过申诉程序，这就需要相关程序的对接。从程序角度而言，这是国家法律与党内法规衔接和协调的关键。

综上所述，在《党内法规制定条例》和《备案审查规定》中，试图通过备案审查衔接解决国家法律和党内法规相冲突的问题，具有预见性和引导性。坚持党的领导，坚持全面依法治国，是全面推进依法治国的题中应有之义，管党治党必须走法治化的道路，必须构建完善的党内法规体系。党内法规法制化的过程，不仅丰富了我国国家法治的内容，也带来了一定的挑战。处理好党内法规与国家法律的协调问题，必然，也必须恪守宪法和法律规定的原则，依照法定职权和程序，进行党内法规审查。[1]

---

〔1〕　参见张晓燕：《党的建设制度改革顶层设计研究》，载《理论学刊》2014年第1期。

第四章

公务员典型私行为失范规制

第一节　行为失范的基本原因

麦迪逊曾经说过："如果人人都是天使，就不需要任何政府了；如果是天使统治人，就不需要对政府有外来或内在的控制了。"在当前社会转型时期，各种各样的公务员行为失范现象比较突出，其表现形态也多样，例如大搞特权、中饱私囊等。党的十八大以来，一系列反腐倡廉的举措和立法出台，众多落马高官的案例也进一步暴露出规制私行为的迫切性。反思公务员行为失范的各种形式，并进行有针对性的防治和惩戒，这也是立法的重点。一般而言，公职人员行为失范，包括了其具体行政行为的失范以及失德的问题，两者之间，后果不一。基本差异为，具体行政行为失范，会构成行政违法或不当。如常见的行政行为的主体、内容、程序、形式等要件的缺失；而行政行为失德，主要指的是行政行为违反社会公德。对此，立法规定得比较少。本书针对的是公务员的私行为，即不构成行政行为。不可忽略的是，一些具体行政行为过程中，也有可能存在个人私行为，例如以权谋私。

一、公务员的行为规范

各国公务员立法对于公务员的权利和义务都有明确的规定，其中也包括了道德规范的限制。在公务员法律关系中，权利与义务经常处于失衡的状态。例如，有的公务员法立法体例上强调义务优先，往往将公务员义务作详细规定，这反映了重义务规范、轻视权利保障的习惯，不利于公务员权利保护。要实现立法理念的转变，改变公务员立法的管理主义主导，保障公务员权利，则应该充实公务员法律权利规范，形成以权利为中心的公务员权利义务体系，把义务作为享有权利的条件和保障，使公务员权利与义务平衡。

当然，违反公务员义务要求，就会构成行为违法或失德。例如，我国《公务员法》第14条规定了多项义务要求。包括了忠于宪法，忠于国家，忠于人民，忠于职守，保守国家秘密和工作秘密，带头践行社会主义核心价值观，坚守法治，遵守纪律，恪守职业道德，模范遵守社会公德、家庭美德；清正廉洁，公道正派。规定虽然整体上比较抽象，但该条第六项、七项还是包括了私行为的义务要求。例如，对职业道德、社会公德、家庭美德，公道正派等要求在《公务员法》第59条规定的各项纪律中，对此有所扩充，不再赘述。从2003年以来，各地方政府及其部门制定公务员行为规范的数量和质量都呈现出较强的增长态势。就规范内容而言，一般包括政治规范、廉政规范和业务规范三类（每类还包含各自的细目），此外还有礼仪规范、公德规范等，以及更为重要的责任规范。上述规范同样包括了私人行为的规范。

纵观国外立法，同样也非常强调公务员义务的规定。例如，《日本公务员法》规定基本的13项义务：（1）工作时必须遵守法律，忠实地执行上级命令；（2）不得和公众一起罢工、怠工，不得有其他争议行为或降低政府工作效率的怠慢行为；（3）不得损害职务信用，不得有玷污公务员名誉的行为；（4）不得泄露工作中的机密，退职以后仍应如此；（5）若在法庭作证时需要公布职务上之秘密，必须经所在机关首长批准。但在人事院进行审理时要求作证，则无须得到批准；（6）除法律和命令有规定者外，不得兼任其他公职；（7）职员不得为政党或者出于政治目的谋求、接受捐款以及其他利益，不得以任何方式参与这些行为；（8）不得担任政党或其他政治团体的负责人、政治顾问或类似的职务；（9）不得担任选举公职的候选人；（10）不得兼任营利性私营企业的职务，也不得自办营利企业；（11）离职两年以内，不得在营利企业中担任与离职前5年所在政府机关有密切关系的职务；（12）因持有股份或其他原因而在营利企业中担任职务的公务员，必须向人事院报告其情况。如果人事院认为该公务员继续和企业保持全部或部分关系不利于担任公职，公务员必须在规定时间内断绝与企业的关系，或者辞去公职；（13）在非营利性机构中兼职，必须得到总理大臣和所在部门首长的批准。公务员违反上述纪律，要受到警告、降薪、降职、停职、免职等处分。此外，《日本公务员伦理法》第2条第2款指出，"职员在工作中要公私分明，绝不能利用其职务和地位为自己或自己所属的组织谋取私利。"综上，服务、忠诚、信息的公开与保密等构成了日本公务员的义务。

美国的《行政部门雇员道德行为准则》总则规定，如果出现超出本准则范围的情况，雇员应该适用本节所述基本原则以决定他们的行为是否恰当：（1）公共服务是一种公众的信任，它要求雇员把对宪法、法律和道德规范的忠诚置于个人利益之上；（2）雇员不得有任何与忠于职守相冲突的财务利益；（3）雇员不得利用非公开的政府信息从事财务交易，也不得允许不恰当地利用此类信息谋求任何个人利益；（4）当个人或团体寻求雇员所在机构的官方行动，或与该机构有业务往来，或进行该机构管辖的活动，或者其利益可能受到雇员的作为和不作为的重大影响时，除非经本部分第二章准许，雇员不得向其索取或接受任何礼物或有金钱价值的物品；（5）雇员在履行公职时应努力尽责；（6）雇员不得有意做出未经授权的任何承诺或许诺，使政府承担责任；（7）雇员不得假公济私；（8）雇员应该公正无私，不得给予任何私人团体或个人优惠待遇；（9）雇员应该保护和保管好联邦财物，不得用于未经授权的活动；（10）雇员不得从事与政府正式职责相冲突的外部工作或活动，包括寻求或洽谈工作；（11）雇员应该就浪费、欺诈、滥用和腐败行为向有关部门检举揭发；（12）雇员应该真诚履行作为公民的义务，包括所有正当的财务义务，特别是法律规定的义务，如向联邦、州和地方纳税；（13）雇员应该遵守所有向所有美国人提供平等机会的法律法规，不论他们的种族、肤色、宗教、性别、民族血统、年龄或是否残疾等。

综上，公务员有双重身份以及由此形成的两种法律关系。由此形成了公务员的法律关系，其中义务关系，就是公民依法担任公职权的衍生结果。一般而言，公务员的权利和义务须由法律规定，公务员的义务也仅限于法律的规定。根据法治国家的一般要求，对于公民基本权利的保障和限制，应该严格遵守宪法的规定与精神，公务员法关于公务员身份及其权利义务关系的规定，也应以宪法精神为引导，以权利本位的理念为统领。基本上规定了，不得从事法律、法规禁止性的各种行为，如罢工、赌博、受贿、失密、泄密、以公谋私等，不得进行营利性兼职。绝大多数西方国家明文规定公务员不得从事营利性质的兼职。在英国公务员法典中规定，公务员一律不准经商，以免使政府威信受到影响。《法国公务员总法》第8条规定："禁止公务员以职业身份从事任何一项有利可图的私人活动。"

二、行为失范的缘由

腐败是世界性难题。亨廷顿曾指出，"由于与现代化相关联的政府权威的扩大和受制于政府的活动的增加，严厉的反腐败举措反而可能增加腐败的机会。"[1]腐败并不是一个"黑箱系统"，"腐败是伴随着政治权力的产生而产生的，它是公共权力缺乏有效约束而导致滥用的结果"。[2]形成目前我国公务员行为失范的原因较多，简而言之，有以下几个方面：

（一）私行为立法不足

从各国的公务员立法看，对于私行为的规制，重在行政伦理法制化。例如《大韩民国宪法》中规定了公务员的总体伦理标准，接着又设立了《公职人员伦理法》《公务人员服务规定》等法律来规范公务员行政行为。此外，美国的行政伦理立法有《政府道德法》《行政部门雇员道德行为准则》等，这些立法成为了美国行政伦理法制的核心。我们国家目前主要靠

---

〔1〕 ［美］塞缪尔·P·亨廷顿：《变化社会中的政治秩序》，王冠华等译，三联书店1989年版，第57页。

〔2〕 徐学通：《"反腐败：经验与启示"国际学术研讨会综述》，载《上海行政学院学报》2009年第5期。

《公务员法》《监察法》《政务处分法》《公务员处分条例》等法律法规来保证公务员行为的规范性，但现有的立法还缺少操作性，很多细致化的规定，主要还是依赖于党内法规，并将其定位为"红线"。例如从2012年至今中央先后出台了《关于改进工作作风、密切联系群众的八项规定》《公安部"五条禁令"》，其中规定严禁酒后驾驶机动车、严禁在工作时间饮酒、严禁参与赌博等等条款，列出了对公务员的要求。在实际执行过程中，或有组织对违反规定人员进行处分，则形成具体的规则或指导案例，经过多年的规范，中央八项规定已深入人心，并转化为诸多党内法规的核心内容，对公务员的私行为进行了有效的规制。

（二）预防腐败的机制不健全

公共行政之中，缺乏制约机制，则必然会存在权力滥用的情况。在这个方面，公务员私行为作为监管的死角，则容易形成监管的盲区。例如，我国社会重人情关系，由此影响了权力的边界。很多公务员受到了同学、朋友、同乡、战友等等成群体压力，凡事遵循潜规则，则会出现了因私忘公的情况。例如，有的官员公开认为手中有权却不为亲友考虑，显然是很不给面子的一件事情。因此，缺乏监督的权力容易失控，行政部门中的工作人员，同样也存在部门利益和个人利益如何维持平衡的问题，为激励他们履行职责，更好地服务社会，并防止他们利用掌握的公共权力谋取个人利益，必须要有健全的预防腐败的预防和监督机制。

（三）利益博弈的选择

公共选择学派对公务员的个人利益做出了较好的阐释，该理论假设：政治决策的参与者，无论是政治家、官僚，还是选民、投票者都如同私人经济中的个人一样，是理性的"经济人"，他们往往追求个人利益的最大化，而政治活动只不过是追求个人利益最大化的一种途径，因而将政治交换比作市场交换。在这种假设条件下，那些只从个人利益出发，而不考虑国家利益和集体利益的公务员，就很可能出现"行政伦理失范"，甚至产生不良后果。美国政治学家克里特加德曾经提出了产生广泛影响腐败成本的公式。即当贿赂所得减去从事该行为所承担的道德损失和法律风险后，仍大于其工资收入和廉洁所带来的道德满足时，官员就会产生从事腐败的动机。用公式表示为"腐败所得－（道德损失＋法律风险）＞工资收入＋廉洁的道德满足"。[1]腐败的收益是指直接贿赂收入，腐败的成本则包括法律风险、道德损失等。近年来，众多腐败犯罪案多发，一些官员的利益选择则集中在个人的得失上，从一般的腐败行为，到腐败违法犯罪，通常会经历一个逐步演变的过程。当公款吃喝、公车私用、公费出国旅游等腐败成为一种普遍现象，当职务犯罪查处起点数额一再提高，当越来越多的人卷入腐败，腐败的道德损失、法律风险等可能付出的成本就会随之降低，理性博弈下的腐败就会成为普遍现象。

　　要有效地防治腐败，要管制好公务员的私行为，改变过去"上有政策，下有对策"的问题，从大的方面来看，还必须拥有好的制约或监督机制。例如，西方国家权力之间有议会的监控、司法的监控、行政的监控，三者相互制衡、相互监督，职责明确且运行有效，三种权力中如果任何一种权力试图扩张，都会受到其他两种权力的制约，从而达到一种稳定的状态。同时行政内部，也强化了对于公务员的监督。我国的全国人大及地方人大有对"一府两院"的监督，通过行政诉讼可以有效地监督政府的行政行为，监察机关有对公职人员的监督，这些权力制约或制度建设在公务员行为的规范上，不仅有职责，而且都具有制度优势。今后在不断地改革和完善过程中，应当重视：一是对于现有立法中文本权力的回归。让人大、监察、司法充分发挥宪法和组织法规定的相应监督权的力量；二是行政监察不能失灵。要根据监察法的要求，完善相应的程序规定，在对公务员公权力约束的同时，加强对私行为的监督力度，进而形成真正意义上的制度约束。

---

　　[1]　[南非] 克利特加德：《控制腐败》，杨光斌等译，中央编译出版社1998年版，第34页。

第二节 公务员收受赠送礼品行为规制

各国公务员相关立法都对于公务员的私行为有约束，诸如前述涉及了犯罪行为、违反行政法规范行为、侵害职务行为、不名誉行为等，从常见的醉酒、吸毒，到礼品贿赂等都包含其中。为此，本书将之称为典型的私行为。所谓典型的私行为，一方面，是因为此类行为常发生，具有代表性；另一方面，此类行为一贯是立法规制的重点。例如，我国《公务员法》在第 59 条列举了 18 项纪律，并重点对于公务员的私行为进行了规范。例如，参与或者支持色情、吸毒、赌博、迷信等活动；违反职业道德、社会公德和家庭美德；参与禁止的网络传播行为或网络活动，从事或者参与营利性活动，在企业或者其他营利性组织中兼任职务等；这些行为是公务员规范的重点，也是立法中关注焦点。为此，本章列举了几种行为，以供参考。

一、收受赠送礼品行为

长期以来，我国立法并没有建立起公务员收入申报、礼品登记等制度，以至于"巨额财产来源不明"在腐败案件中经常出现。过去很长时期，还存在领导干部个人假借"集体研究"名义出借公款、借节日之机或以礼尚往来为名以"礼"换"利"等行为，严重违反中央八项规定精神和党的纪律，败坏党风政风，损害党和政府的形象。礼品的赠送和收受这样的行为绝非小事，也绝非个人的私事。很多腐败的形成，都是从收受礼品开始，并逐步走向犯罪的。

（一）我国立法规范

馈赠礼品，是人交往之常情。但作为公职人员，无论在公务还是私人领域接受礼品，都会对职务产生影响。《公务员法》中明确规定禁止贪污、行贿、受贿，利用职务之便为自己或者他人谋取私利。礼品一般指馈赠品，包括实物，也包括虚拟或无形财产，例如，常见有礼金、购物券，或债券、股票等有价证券。国务院 1988 年颁布的《国家行政机关及其工作人员在国内公务活动中不得赠送和接受礼品的规定》中第 4 条规定："本规定所称的礼品，是指礼物、礼金、礼券以及以象征性低价收款的物品。"[1]该规范性文件第 3 条规定："国家行政机关及其工作人员不得假借名义或者以变相形式赠送和接受礼品。"随着时代的发展，对公务员馈赠的管制也日趋严格。主要表现在以下几个方面：

1. 刑法规范

公务员收受礼品非常容易与收受贿赂之间混淆，这两者之间的行为有区别也有联系。一般而言，收受礼品可能会影响自己公正行使职权，但不构成犯罪。反之，若是收受礼品触犯了法律的禁止性规定，则会追究行政责任，违反刑法，则追究刑事责任。因此，1988 年《全国人民代表大会常务委员会关于惩治贪污罪贿赂罪的补充规定》曾规定了公务员在对外交往中接受礼物馈赠，按照国家相关法律规定应当交公而不交公，并且数额较大的，以贪污罪论处。但对公务员在国内公务活动中接受礼物不交公的问题，没有作出明确规定。目前，《刑法》[2]第 394 条规定："国家工作人员在国内公务活动或者对外交往中接受礼物，依照国家规定应当交公而不交公，数额较大的，依照本法第三百八十二条、第三百八十三条的规定定罪处罚。"刑法的规定，严密了惩治公务员违规收受礼品行为的制度，规范了公务员的职务行为，对于反腐败建设具有重要的意义，但是该条款也被称为"沉睡的条款"，显然其利用率不高。

2. 行政规范

关于馈赠问题，国务院多次发布行政性规范性文件，加以规范。例如，1988 年 12 月 1 日《国家行政机关及其工作人员在国内公务活动中不得赠送和接受礼品的规定》，1993 年 4 月 27 日《中共中央办公厅、国务院办公厅关于严禁党政机关及其工作人员在公务活动中接受和赠送礼金、有价证券的通知》，1993 年 12 月 5 日《国务院关于在对外公务活动中赠送和

---

〔1〕 该法于 1988 年生效，97 刑法施行后，该规定废止。
〔2〕 主要是指《刑法修正案（九）》修正后的刑法。

接受礼品的规定》，1995 年 4 月 30 日《中共中央办公厅、国务院办公厅关于对党和国家机关工作人员在国内交往中收受的礼品实行登记制度的规定》。其中《中共中央办公厅、国务院办公厅关于对党和国家机关工作人员在国内交往中收受礼品实行登记制度的规定》中规定对于收受后应登记、上交的礼品在规定期限内不登记或不如实登记、不上交的，由所在党组织、行政部门或纪检监察机关责令其登记、上交，并给予批评教育或者党纪政纪处分。2006 年 10 月 20 日出台《中共中央办公厅、国务院办公厅关于印发〈党政机关国内公务接待管理规定〉的通知》，该规定为后续政策更新奠定基础，2013 年《党政机关国内公务接待管理规定》公布施行。这些法规制度，更加注重对公务员收受礼品问题的教育和监管，不再是单纯的惩处，有利于我国规范公务员制度的完善。

3. 党内法规

除了法律约束外，对于私行为的约束最多还是党内法规，诸如上文很多都是中办和国办联合发文的规范性文件。例如，1997 年 3 月 28 日中共中央又公布了《中国共产党员领导干部廉洁从政若干准则（试行）》，2005 年 1 月 24 日出台了《中共中央纪律检查委员会、中共中央组织部、监察部关于维护党的纪律严肃处理党风方面若干突出问题的意见》。这些通知和规范充分地体现了党和政府对治理公务员收受礼品问题的决心。但是，规范公务员收受礼品的法律文件位阶还比较低，没有形成系统而全面的规范措施，因而并没有取得很好的效果。2001 年 3 月 26 日，中共中央纪委、监察部印发《关于各级领导干部接受和赠送现金、有价证券和支付凭证的处分规定》第 2、3 条规定，党的机关、人大机关、行政机关、政协机关、审判机关、检察机关中担任副科级以上职务的领导干部，事业单位、人民团体中相当于副科级以上职务的领导干部，国有企业的中层以上领导人员，一律不得接受下列单位或个人的现金、有价证券和支付凭证，包括：（1）管理和服务的对象；（2）主管范围内的下属单位和个人；（3）外商、私营企业主；（4）其他与行使职权有关系的单位和个人。

党的十八大以后，先后制定或修改了五十多项党内法规，其中很多法规，也涉及该方面。例如，2013 年 1 月，中央发布 "六项禁令"，严禁用公款搞相互走访、送礼、宴请等拜年活动，严禁向上级部门赠送土特产，严禁违反规定收受礼金、礼品等，严禁滥发钱物，严禁超标准接待，严禁组织和参与赌博活动。2013 年 11 月，中共中央、国务院印发了《党政机关厉行节约反对浪费条例》，严格控制国内差旅费、因公临时出国（境）费、公务接待费、公务用车购置及运行费、会议费、培训费等支出。2014年 7 月，《关于全面推进公务用车制度改革的指导意见》和《中央和国家机关公务用车制度改革方案》发布，决定取消一般公务用车，用 2 至 3 年时间全面完成公务用车制度改革。尤其是新的党内法规，主要包括了《廉洁自律准则》《中国共产党党内监督条例》《中国共产党第十八届中央委员会关于新形势下党内政治生活的若干准则》《中国共产党工作机关条例（试行）》等规定，有效地防范了利益冲突，规范了公务员的行为。

（二）国外立法实践概况

为防范利益冲突，规范公务员行为，各国主要还是在立法中予以规制，这也是成功的经验和启示。例如，美国《政府道德法》、日本《国家公务员伦理法》、韩国《公职人员伦理法》等，有专门的公务员伦理审查委员会或人事部门审查专门的利益冲突，且对于各类行为进行审查并惩戒。关于礼品的问题，各国立法也规定不一，例如，1981 年韩国《公职人员伦理法》第三章规定了公务员接受外国礼品时要进行受领申报，并上交礼品，上交的礼品归国库所有。1993 年颁布的韩国《公职人员伦理法实施法令》对公务员能够收受的礼品限额、礼品的管理与维护，礼品的处分都作出了明确的规定。2001 年韩国颁布了《反腐败法》中关于公务员应该遵守的行为准则中要求禁止或限制公职官员接受任何与其职务有关的人员的娱乐安排、金钱、物品等。日本 1973 年颁布了《日本内阁会议关于严肃官厅纪律的决定》中附上了《关于严肃官厅纪律的决定》，该决定规定要求公务员在与工作有利益关系的工商人员接触中要严格节制礼品等行为。1999 年日本颁布了《国家公务员伦理法》，其中第一章第 3 条规定公职人员应遵守的职务的伦理职责原则就包括不得接受其职责权限行使对象的馈

赠；并在第三章规定了公开馈赠报告、馈赠报告书的主要内容。2000 年颁
布了《国家公务员伦理规章》第 3 条规定日本公务职员不得接受利害关系
者赠与的现金、物品或者不动产，并规定了馈赠报告书的格式、递交期
限、对馈赠报告书的阅览等。英国在 1997 年颁布了《英国内阁成员规则》
和《英国下议院议员行为规范》，1995 年颁布了《英国行政性非政府部门
公共机构及类似机构工作人员示范规则》。这些法律规章中，都十分明确
地对公务员提出了不得收受礼品的要求。加拿大政府颁布了《公务员利益
冲突与离职后行为准则》，这项准则明确了防止公务员利益冲突的要求和
避免利益冲突的措施，要求公务员必须诚实、廉洁，决策时应首先考虑公
共利益，个人私利不能影响其参与的政府活动。如果产生冲突，必须以保
全公共利益的方式进行解决。

二、规制公务员收受礼品行为

规范公务员收受礼品的行为是公务员管理法治化很重要的一个方面。
这不仅是为了反腐，而且是为了维护公务员的权利。在缺乏利益冲突监督
的情况下，收受礼品，并谋取利益，很容易导致公务员犯罪。此外，收受
礼品在造成利益冲突的同时，也破坏了政府的形象和人民的信任。为此，
针对该问题严抓狠打，重塑政治生态，具有重要的意义。当然，我国自古
以来就有送礼文化。《礼记·曲礼上》："太上贵德，其次务施报，礼尚往
来，往而不来，非礼也；来而不往，亦非礼也。"由此可见礼物在中国的
人情社会中经常发挥着润滑剂和敲门砖的作用。当前，礼物随着时代的发
展，也具有多样性和复杂性，难以区分。例如，除了目前规范性文件对于
礼品的界定外，还会有很多以变相形式或以假借名义接受和赠送礼品；比
如以评比会、鉴定会、茶话会、招待会、研讨会、座谈会以及其他形式发
放纪念品；或者假借春节、中秋节、元旦或其他名义发慰问品，或者以祝
寿、婚丧嫁娶的名义送礼品礼金；甚至以试用、品尝、鉴定的名义送礼等
等。经济合作与发展组织（OECD）针对各国各地区公职人员收受礼品现
象制定了《官员礼物通用法律》（Gifts for Officials——Generic Law），指出

要用"道德标准"和"市场价值标准"来界定收受礼品行为是否合法。"道德标准"即公职人员收受礼品行为的检测需要经过四项公共道德标准：真诚（genuine）、独立（independent）、自由（free）、透明（transparent），不符合以上标准的收礼行为必须禁止。"市场价值标准"即需要对礼品的市场价值进行评定，若其市场价值超过规定标准，无论礼品的性质是否符合四项道德标准，相应的收受礼品行为都属于违规收礼。[1]

（一）礼品申报登记制度

我国早在 1995 年的《关于对党和国家机关工作人员在国内交往中收受礼品实行登记制度的规定》第 2 条就明确规定了："党和国家机关工作人员在国内交往中，不得收受可能影响公正执行公务的礼品馈赠，因各种原因未能拒收的礼品，必须登记上交。党和国家机关工作人员在国内交往（不含亲友之间的交往）中收受的其他礼品，除价值不大的以外，均须登记。"关于该法的执行，各级党组织和行政部门负责执行，各级纪检监察机关负责监督检查。但是该法只是原则性的规定，并没有形成操作性的执行性的规定。建议对于礼品登记制度进一步地控制。

第一，总量控制。礼品形式多样，无论什么形式，多少价值，其范围总是介于公私两个方面。现有的规定一般对于与公职有关系的礼品一概不得接受，或者严格登记。但是对于私行为方面的礼品，则没有规定。就此，应该区别对待，有效控制。例如，有的国家明确规定与本职工作无关礼品，全年收受的总限额必须控制在法律法规允许的范围内，违者重惩。例如，韩国政府明确规定，公务员一年收受的和其本人业务无关的礼品总额不能超过 15 万韩元（约 1200 元人民币），但不能接受任何和其职业相关的礼品。德国法律规定，公务员所能收受的礼品的价值不能超过 50 欧元；美国政府规定，公务员收受外国礼品的价值不能超过 305 美元，超过 305 美元必须在 60 天内上交主管部门。英国法律规定公务员不能收受超过 140 英镑的礼品，超过 140 英镑的部分公务员可以自己出钱购买。诸如此

---

〔1〕 OECD Managing Conflicts of Interest in the Public Sector, A Toolkit, OECD Publications. 2005. p. 121.

· 065 ·

类，在其中央或地方政府都有不同的规定。

第二，礼品形式及时间限制。除了正常的工作日不能接收外，节假日也不能接收礼品。例如，菲律宾制定了《菲律宾在包括圣诞节在内的任何场合国家官员和雇员接收私人的赠与应受惩罚》；韩国《反腐败法》关于公职官员的行为准则中规定，禁止和限制公职官员收受任何与其职务有关的人员的娱乐安排、金钱、物品等。韩国《公务员伦理法》将古董、艺术品也作为申报对象，同时也包括会员券。日本的《国家公务员伦理规章》第3条禁止行为中规定，职员不得接受利害关系者赠与的现金、物品或者不动产；并且规定职员不得接受利害关系者所提供的接待（包括饯别、祝贺、香奠、供花等类似的仪式），不得同利害关系者进行餐饮，不得同利害关系者进行餐饮、娱乐活动或者打高尔夫球，也不得与利害关系者共同旅行；日本在礼品登记报告制度方面的实施措施非常全面。在日本，公务员所收受的物品及其他财产上的利益，或者接受接待超过500日元的情况都必须登记报告。馈赠报告书必须在每月上半月提交。馈赠报告书必须写明所收受馈赠的金额、时间、原因、赠送人的姓名和家庭住址。并且所负责接受报告的长官要将馈赠报告书交复印件交给国家公务员伦理审查委员会，此外针对假日收礼也有特别规定。

第三，严格追责。在世界经济发展与合作组织（OECD）发布的《公共领域利益冲突管理手册》中明确规定，政府应建立明确的规则，规定对公务员处理利益冲突问题的要求。在实际管理中，在处理私人利益冲突问题上应该要求公务员承担公共责任，识别各种礼品馈赠中可能存在的利益冲突。因此，施加严格的责任，是该制度能否成功的关键。例如，菲律宾《惩罚法修正案》中规定由于职务的原因而接受礼物，违反规定就要根据收受礼品的数量和价值，受到警告或者开除甚至追究其刑事责任的处罚；德国法律规定，违反规定就要根据收受礼品的数量和价值，受到警告或者开除甚至追究其刑事责任的处罚；美国政府规定，违反法律制度的公务员将会被开除。如果公务员收受的礼品总价值超过了7000美元，将对其处以3倍的罚金，并可判处15年以下监禁；英国法律规定公务员不能收受超过

140 英镑的礼品，超过 140 英镑的部分公务员可以自己出钱购买。否则有可能丧失领取退休金资格。一般公务员违反政府有关礼品的政策将受到两个方面的惩处：从处罚结果角度来看，有可能受到刑事处分和纪律处分，其中纪律处分包括撤职警告、降薪、罚款等；从管理结果角度来看，有可能纠正决策结果、取消政府合同、提醒等。[1]

（二）完善我国相关制度

第一，形成统一的财产申报制度。1995 年《中共中央办公厅、国务院办公厅关于党政机关县（处）级以上领导干部收入申报的规定》以及 2010 年《关于党员领导干部报告个人有关事项的规定》等党内规范性文件已经积累了丰富的实践经验。二者主要内容当中均包含对财产申报的具体规定，众人皆知，财产申报是反腐倡廉最为根本的制度保障。自 1994 年，第八届全国人大常委会就将《财产申报法》正式列入立法规划，但财产公开的制度一直未出台，有关意见未被采纳。不过其后相应的党内法规逐渐吸收了国外有关财产申报的一些制度，以此回应现实问题。例如，《关于领导干部报告个人有关事项的规定》《关于实行党风廉政建设责任制的规定》《党政机关厉行节约反对浪费条例》等规章制度均是中共中央和国务院共同颁发的文件。党政联合立法，在我国具有长期的历史传统，也是特殊体制下的经验积累。2023 年修订的《纪律处分条例》第 97 条，明确规定了收受可能影响公正执行公务的礼品、礼金、消费卡（券）和有价证券、股权、其他金融产品等财物的，根据情节予以相应的处分，并且也规定了收受其他明显超出正常礼尚往来的财物的，依法处理。党内法规的明确和定性，对于后续转化为立法具有重要的价值。

第二，完善礼品登记制度。《国家行政机关及其工作人员在国内公务活动中不得赠送和接受礼品的规定》规定："对接收的礼品一个月交出并上交国库。所收礼品不按期交出的，按贪污论处。"《中共中央办公厅、国务院办公厅关于严禁党政机关及其工作人员在公务活动中接受和赠送礼

---

[1] John A Rohr, *Ethics for bureaucrats: an essay on law and values*, MDekker, 1989, p. 89.

金、有价证券的通知》规定："各级党政机关及其工作人员在涉外活动中，由于难以谢绝而接受的礼金和有价证券，必须在一个月内全部交出并上缴国库。"受贿较之收受礼品、礼金危害性更大，其上交的时限应当参考现有规定从严把握。但要注意的是，实践中，有时不能要求行为人当即完成退还、上交事宜，还要考察行为人还款是否真实存在客观上的困难，以致其不能及时退还，在客观障碍消除后立即归还或者上交的也应属于及时。因此，对是否属于及时归还，应综合考虑收钱时间、数额、退还条件等各种因素进行判定。对于该制度的设计，世界经济发展与合作组织（OECD）的一般要求是：公务员的行为必须受到制衡和监督；公务员要及时向主管部门报告有可能使其无法公正行使职权的私人利益关系；政府在规范公务员收受礼品过程中应当具有一致性和公开性，从而提高政府在处理公务员收受礼品时的审慎性和严肃性。在通过法律形式强调公务员从政道德的同时，美国明确规定政府部门应该及时有效地公布有关规范礼品问题的相关信息。政府中的廉政监察机构除了负责监督规范公务员收受礼品的法律法规的执行以外，还必须要制定一些防止利益冲突的管理手册。政府应该列举一系列存在利益冲突问题的私人利益实例，如公务员与营利组织或非营利组织的关系或与政治组织、工会或专业团体的关系。同时，政府还应加强对那些位高权重的领导干部的教育，如分管政府采购工作的部门，通过列举国家法律政策不可接受行为和关系的实例，使公务员明确怎样防止利益冲突。此外，政府制定的培训资料、指导原则都应该提出具体的实例，阐明礼品登记上报具体步骤，使公务员对怎样面对和解决礼品问题有更清晰、全面的了解。

第三，加强人民监督政府。现阶段，收受礼品问题已变得越来越复杂，单纯依靠相关政府部门是远远不够的，要想真正破除收受礼品者所构成的利益网，还要依靠人民群众的力量。事实证明，群众的广泛参与和支持是反腐败建设取得胜利的重要保证，是治理公务员收受礼品问题的根本力量所在。人民群众参与治理公务员收受礼品工作，有利于扩大反腐倡廉的社会影响力。对于规范公务员收受礼品问题，我们还应完善和加强几项制度：一要完善举报制度。充分发挥司法机关信访、举报系统和行政执法机关的作用，动员广大群众举报和反映公务员违规收受礼品问题，积极拓宽举报渠道，保持信访举报渠道的畅通，加大查处案件的力度。可以考虑出台专门的"举报人保护法"，严格实行举报人保密制度和举报人奖励制度。二是完善反腐败侦查网络，根据举报人提供的线索，抓紧查办收受礼品案件，充分利用已经发现的案件，加大对大案要案的挖掘和整理，从案件中找出新线索，为后面工作的开展做好准备。另外，应进一步拓宽公众参与收受礼品治理的渠道，完善举报人保护机制和奖励机制，充分调动公众监督的积极性。确保现有的参与渠道畅通，使群众意见和呼声及时得到反馈。

第三节　公务员禁止经商行为规制

"受禄之家，食禄而已，不与民争业，然后利可均布，而民可家足。此上天之理，而亦太古之道。"[1]这句话的基本意思是，官员及做官的人家，不能从事经营性的行业，与民争利。这样，社会的利益才可以公平分布。在当代，防止利益冲突，是公务员法治建设的重要内容。党的十八大报告的一个重要精神，就是重申要"防止利益冲突，更加科学有效地防治腐败"。对此，中央和各地政府均加大了防治腐败的力度，防止利益冲突。例如，2015年5月4日，上海市委正式公布实施《关于进一步规范本市领导干部配偶、子女及其配偶经商办企业行为的规定（试行）》，引起社会关注，事实上，公务员经商则是一个屡禁不止的问题。1984年至今40余年间，党和政府发布涉及"禁止官员及亲属经商"规定将近20项。

一、我国党内法规对经商办企业的规范

党政机关的干部经商，也包括其配偶及其子女。主要是指违规经商或经商办企业，或者官员亲属存在经商办企业的行为，并为其亲属经营活动

---

[1]　参见《汉书·董仲舒传》。

提供便利条件，以权谋私。其中"领导干部""经商"在不同的规定中又有不同的规定，这不仅违反了基本的利益冲突规则，而且极容易导致腐败，乃至更为严重的导致国有资产流失。该行为严重背离了党为人民服务的宗旨，容易在民众中引起不满，逐步降低人们对政府机关部门的信任。在长远上讲，这影响着党和政府在人民群众中的形象，从而陷入"塔西佗陷阱"。[1] 为此，党中央和中央政府多次三令五申地要求禁止官员及其亲属经商。基本情况如下：

1984年7月17日《中共中央办公厅、国务院办公厅关于党政机关在职干部不要与群众合办企业的通知》指出："经济体制改革必须坚持政企分开、官商、官工分开的原则。党政机关在职党政干部与群众合伙兴办经营企业，容易削弱党和政府对经济工作的全面领导，影响党政干部秉公办事当好全体人民的勤务员，也容易发生与民争利的偏向，形成一批仗权谋利的垄断企业，不利于真正搞活经济。"

1984年12月3日《中共中央、国务院关于严禁党政机关和党政干部经商、办企业的决定》明确指出："乡（含乡）以上党政机关在职干部（包括退居二线的干部），一律不得以独资或合股、兼职取酬、搭干股分红等方式经商、办企业；也不允许利用职权为其家属、亲友所办的企业谋取利益。"

1985年5月23日《中共中央、国务院关于禁止领导干部的子女、配偶经商的决定》规定："凡县、团级以上领导干部的子女、配偶，除在国营、集体、中外合资企业，以及在为解决职工子女就业而兴办的劳动服务性行业工作者外，一律不准经商。所有干部子女特别是在经济部门工作的干部子女，都不得凭借家庭关系和影响，参与或受人指派，利用牌价议价差别，拉扯关系，非法倒买倒卖，牟取暴利。"

1986年2月4日《中共中央、国务院关于进一步制止党政机关和党政

---

[1] 塔西佗陷阱"即 Tacitus Trap，得名于罗马帝国时代的历史学家塔西佗。通俗地讲就是指当政府部门或某一组织失去公信力时，无论说真话还是假话，做好事还是坏事，都会被认为是说假话、做坏事。这个卓越的见解后来成为西方政治学里的定律之一。

干部经商、办企业的规定》规定：“领导干部的子女、配偶，在党政机关及所属编制序列的事业单位工作的，一律不得离职经商、办企业；不在党政机关及所属编制序列的事业单位工作的，不准利用领导干部的影响和关系经商、办企业，非法牟利。对违反规定的，要严肃处理。非法所得，一律没收。”

1989年7月27日中共中央政治局举行全体会议，通过《中共中央、国务院关于近期做几件群众关心的事的决定》，其中规定：“二、坚决制止高干子女经商。首先从中央政治局、书记处成员和国务院常务会议组成人员做起，实行回避政策，他们的配偶、子女及其配偶，不得从事流通领域的经营活动；不得在流通领域公司任职、兼职，凡有任职、兼职的必须于一九八九年九月一日前退出，另行安排工作。领导同志不得利用职权为亲友经商提供任何方便条件。”

1993年10月5日印发《中共中央、国务院关于反腐败斗争近期抓好几项工作的决定》中提出廉洁自律“五条规定”：“……对党政机关县（处）级以上领导干部重申和提出以下要求：（1）不准经商办企业；不准从事有偿的中介活动；不准利用职权为配偶、子女和其他亲友经商办企业提供任何优惠条件。”此后发布的《中共中央纪律检查委员会关于共产党员在经济方面违法违纪党纪处分的若干规定（试行）》第30条第1款规定：“党和国家机关、群众团体中的党员干部，违反党中央、国务院有关规定，经商办企业，或者利用职权，为亲属经商办企业谋取利益的，给予严重警告或撤销党内职务处分。”

1995年5月11日《中共中央纪律检查委员会关于国有企业领导干部廉洁自律“四条规定”的实施和处理意见》，其中规定：“五、不准个人私自经商办企业。中央纪委第五次全会前个人私自经商办企业的，应主动自查自纠，一律停办……六、不准利用职权为家属及亲友经商办企业提供各种便利条件……”

1997年2月27日中共中央印发《中国共产党纪律处分条例（试行）》，其中规定：“党和国家机关、人民团体中的党员干部，违反规定，经商办企业，或者参与其他营利性的经营活动，或者利用职务上的便利为亲友经商办企业谋利益的，给予警告、严重警告或者撤销党内职务处分。"

1997年3月28日中共中央印发了《中国共产党党员领导干部廉洁从政若干准则（试行）》，其中第2条规定："党员领导干部要严防商品交换原则侵入党的政治生活和国家机关的政务活动。禁止私自从事营利活动。不准有下列行为：（一）个人经商、办企业；（二）违反规定在经济实体中兼职或者兼职取酬，以及从事有偿中介活动……"第5条规定："党员领导干部对涉及与配偶、子女、其他亲友及身边工作人员有利害关系的事项，应当奉公守法。禁止利用职权和职务上的影响为亲友及身边工作人员谋取利益。不准有下列行为：（一）要求或者指使提拔配偶、子女、其他亲友及身边工作人员……（五）为配偶、子女及其他亲友经商、办企业提供便利和优惠条件。省（部）级以上领导干部的配偶、子女及其配偶，不准在该领导干部管辖的地区及管辖的业务范围个人经商办企业和在外商独资企业任职。"这个准则的出台，标志着党员领导干部廉洁自律有关规定的系统化和规范化。

2000年1月中纪委第四次全体会议公报指出："领导干部要严格执行不准利用职权和职务上的影响为配偶、子女谋取非法利益的规定。省（部）、地（厅）级领导干部的配偶、子女，不准在该领导干部管辖的业务范围内个人从事可能与公共利益发生冲突的经商办企业活动，不准在该领导干部管辖的地区和业务范围内的外商独资企业或中外合资企业担任由外方委派、聘任的高级职务。凡有不符合此项规定的领导干部，必须如实地向党组织报告并予以纠正。拒不纠正的，该领导干部应当辞去现任职务，或给予其组织处理。"公报还要求："国有企业领导人员必须认真执行《廉政准则》等有关规定，当前尤其要做到：……不准利用职权为配偶、子女及其他亲属经商办企业提供便利和优惠条件……"

2001年2月中纪委印发《关于省、地两级党委、政府主要领导干部配偶、子女个人经商办企业的具体规定（试行）》规定："……对省（自治区、直辖市）、地（市）两级党委、政府主要领导干部配偶、子女在该领导干部任职地区个人从事经商办企业的行为作出如下规定：一、不准从事房地产开发、经营及相关代理、评估、咨询等有偿中介活动。二、不准从事广告代理、发布等经营活动。三、不准开办律师事务所；受聘担任律师的，不准在领导干部管辖地区代理诉讼。四、不准从事营业性歌厅、舞厅、夜总会等娱乐业，洗浴按摩等行业的经营活动。五、不准从事其他可能与公共利益发生冲突的经商办企业活动。已经从事上述经商办企业活动的，或者领导干部的配偶、子女退出所从事的经商办企业活动，或者领导干部本人辞去现任职务或给予组织处理。"

2003 年《纪律处分条例》明确规定党员领导干部的配偶、子女不得在该党员领导干部管辖的区域或者业务范围内经商。

2007 年 5 月 29 日《中共中央纪委关于严格禁止利用职务上的便利谋取不正当利益的若干规定》的通知，强调："三、严格禁止利用职务上的便利为请托人谋取利益，由请托人出资，'合作'开办公司或者进行其他'合作'投资……六、严格禁止利用职务上的便利为请托人谋取利益，要求或者接受请托人以给特定关系人安排工作为名，使特定关系人不实际工作却获取所谓薪酬。特定关系人，是指与国家工作人员有近亲属、情妇（夫）以及其他共同利益关系的人。七、严格禁止利用职务上的便利为请托人谋取利益，授意请托人以本规定所列形式，将有关财物给予特定关系人。"

2008 年 1 月，中共第十七届中央纪律检查委员会第二次全体会议通过全会公报。会议要求各级纪委深入治理当前领导干部廉洁从政方面的突出问题，要求："纠正和查处领导干部放任、纵容配偶、子女和身边工作人员利用其职权和职务影响经商办企业等问题。"

2008 年 6 月 22 日，中共中央印发《建立健全惩治和预防腐败体系 2008—2012 年工作规划》，指出："严格执行领导干部配偶、子女个人从业的有关规定。"

2009 年 1 月 23 日监察部、人力资源和社会保障部、国务院国有资产监督管理委员会公布《关于国有企业领导人员违反廉洁自律"七项要求"政纪处分规定》，其第 3 条规定："国有企业领导人员不得有下列行为：

（一）利用职务上的便利通过同业经营或关联交易为本人或特定关系人谋取利益；（二）相互为对方及其配偶、子女和其他特定关系人从事营利性经营活动提供便利条件；……（五）利用企业上市或上市公司并购、重组、定向增发等过程中的内幕信息为本人或特定关系人谋取利益。"

2009 年 7 月，中共中央办公厅、国务院办公厅印发《国有企业领导人员廉洁从业若干规定》，其中第 6 条规定："国有企业领导人员应当正确行使经营管理权，防止可能侵害公共利益、企业利益行为的发生。不得有下列行为：（一）本人的配偶、子女及其他特定关系人，在本企业的关联企业、与本企业有业务关系的企业投资入股；（二）将国有资产委托、租赁、承包给配偶、子女及其他特定关系人经营；（三）利用职权为配偶、子女及其他特定关系人从事营利性经营活动提供便利条件；（四）利用职权相互为对方及其配偶、子女和其他特定关系人从事营利性经营活动提供便利条件；（五）本人的配偶、子女及其他特定关系人投资或者经营的企业与本企业或者有出资关系的企业发生可能侵害公共利益、企业利益的经济业务往来。"

2010 年 2 月中共中央印发《廉政准则》的通知，第 5 条规定："禁止利用职权和职务上的影响为亲属及身边工作人员谋取利益。不准有下列行为：……（五）默许、纵容、授意配偶、子女及其配偶、其他亲属以及身边工作人员以本人名义谋取私利；（六）为配偶、子女及其配偶以及其他亲属经商、办企业提供便利条件，或者党员领导干部之间利用职权相互为对方配偶、子女及其配偶以及其他亲属经商、办企业提供便利条件；（七）允许、纵容配偶、子女及其配偶，在本人管辖的地区和业务范围内个人从事可能与公共利益发生冲突的经商、办企业、社会中介服务等活动，在本人管辖的地区和业务范围内的外商独资企业或者中外合资企业担任由外方委派、聘任的高级职务；（八）允许、纵容配偶、子女及其配偶在异地工商注册登记后，到本人管辖的地区和业务范围内从事可能与公共利益发生冲突的经商、办企业活动。"

2015 年修订的《纪律处分条例》第 88 条第 1、2 款规定："违反有关规定从事营利活动，有下列行为之一，情节较轻的，给予警告或者严重警告处分；情节较重的，给予撤销党内职务或者留党察看处分；情节严重的，给予开除党籍处分：（一）经商办企业的；（二）拥有非上市公司（企业）的股份或者证券的；（三）买卖股票或者进行其他证券投资的；（四）从事有偿中介活动的；（五）在国（境）外注册公司或者投资入股的；（六）有其他违反有关规定从事营利活动的。利用职权或者职务上的影响，为本人配偶、子女及其配偶等亲属和其他特定关系人的经营活动谋取利益的，依照前款规定处理。"2018 年修订的《纪律处分条例》第 95 条进一步规定："利用职权或者职务上的影响，为配偶、子女及其配偶等亲属和其他特定关系人在审批监管、资源开发、金融信贷、大宗采购、土地使用权出让、房地产开发、工程招投标以及公共财政支出等方面谋取利益，情节较轻的，给予警告或者严重警告处分；情节较重的，给予撤销党内职务或者留党察看处分；情节严重的，给予开除党籍处分。利用职权或者职务上的影响，为配偶、子女及其配偶等亲属和其他特定关系人吸收存款、推销金融产品等提供帮助谋取利益的，依照前款规定处理。"2023 年修订的《纪律处分条例》第 103 条专门规定了经商办企业的禁止性规定。

上述规定，均为党内法规，从历史脉络看，党和国家高度重视官员办企业这一问题。改革开放之初，为了吸收外资，有效利用人力资源，曾大力度鼓励官员下海，很多知名企业也是由此产生，这是一个历史的因素。但是官员下海或经商，与市场经济自由竞争的规则不兼容，官员会利用手中的权力为企业寻求资本回报，企业实现增长的根本原因在于公权力的作祟。当然，其外部的后果之一，就是影响到了人民对于政府的信任，影响到了公信力。为此，大力度整治官员经商，不仅是解决历史问题，顺应市场经济要求，而且是对于现今政府简政放权、返利于民的重大举措。

二、公务员经商的法律限制

党内法规虽然对于公务员经商有众多的规定，但是并没有对其进行界定。其中关于领导干部的范围，也在不断地变化。由于其操作性较差，对此问题，长期以来，屡禁不止。从法律角度来看，所谓公务员经商行为是指国家公职人员或其亲属直接或间接利用其职权，从事商业营利性活动，并为自己或他人谋取私利的行为。这项行为，具有主体的特定性，也容易产生利益冲突，故此，公务员经商行为应具备以下几个特征：

第一，主体特定性。公务员经商行为的主体必须是履行国家公权力的公职人员或其亲属。相对于普通商人，他们享有行政编制、丰厚的福利待遇、较高的社会地位、稳定的收入等，即享有权力或某些方面的特权，由于权力的寻租行为，其掌握的社会资源和政策信息，将为其提供一定的市场竞争优势，这种市场优势比普通的市场竞争更具有优势。

第二，目的违法性。公务员经商行为的最终目的在于通过经商行为谋取私利。不管是直接为自己谋取私利，还是通过为他人谋取私利间接获得好处，都违反了我国《公务员法》第59条禁止公务员经商和党内法规的相关规定。获益的目的一般具有隐蔽性，其谋利性可能是短期获益，也可能是长期获益，甚至是预期获益。

第三，利用职权性。公务员经商必然会直接或间接地利用职权，这也是为什么要禁止的原因。从实际情况看，公务员经商行为的重要特征就是在经商的过程中，公务员利用自己手中的职权谋取非法利益。由于公务员经商行为具有一定的复杂性和隐蔽性，因此利用职权往往是在案发之后才能确定。案发之前，公务员经商行为与普通商人经商行为表面上并无区别。

需要说明的是，公务员经商与个人行为、兼职是不同的。公务员个人的行为，主要是公务员作为社会人，为了满足自身日常生活需要而发生的商业行为。例如，公务员购房、购车等行为。与公务员经商行为不同，公务员正常经济行为的目的是满足自身日常生活的需要，并不损害国家利益和社会利益，法律应该予以认可和保护。此外，我国《公务员法》第44条规定："公务员因工作需要在机关外兼职，应当经有关机关批准，并不得领取兼职报酬。"根据该条规定，对于公务员经过有关机关批准的经商，是不同于正常的商业行为。对于公务员经商行为来看，因其有其历史根源，在一定程度上存在不良影响。从长远来看，对此也应加以限制。我国的《公务员处分条例》对于公务员经商行为规定了明确的行政处分标准。如第 27 条规定："从事或者参与营利性活动，在企业或者其他营利性组织中兼任职务的，给予记过或者记大过处分；情节较重的，给予降级或者撤职处分；情节严重的，给予开除处分。"这条规定虽然看似明确，但缺乏可操作性。

党的十八大以后，对于公务员经商是重点巡查的事项，为此各地政府也在这个方面，加强了立法先行，巡查并举的举措。例如，2015 年 5 月上海市公布新规《关于进一步规范本市领导干部配偶、子女及其配偶经商办企业行为的规定（试行）》进一步推进了我国在领导干部亲属违规经商问题的治理进程，其明确规定了领导干部配偶、子女及其配偶经商办企业的行为，具体包括市级领导干部配偶不得经商办企；其子女及其配偶不得在领导干部管辖地区或业务范围内经商办企，不得在本市从事可能与公共利益发生冲突的经商办企等，并明确提出了一经发现"一方退出"机制，这些规定相比以前其他规定更要细致、更要严格。

三、完善相关立法建议

腐败惩治的基本模式就是法治，美国自 1946 年《行政程序法》实施以来，以严格的程序限制了行政权的运作，并辅助以《信息自由法》《情报自由法》《阳光政府法》等，务必使得通过"透明度"来监督政府。除了程序性的限制，美国靠的是"两条腿"走路，对于道德等方面的监督，丝毫不放松。1978 年美国国会通过了《政府道德法》《廉政法》。其中主要内容就是防止利益冲突。包括了：第一，建立美国公务员收入、财产申报制度。所有公务员必须定期填写《美国公务员收入、财产申报表》，并在 30 天内送交本部门廉政办公室审查，一旦发现有违法的收入或财产，立即处理。申报表分两种，一种是不涉及国家机密的，可供一般公众和新闻机构随时查阅；另一种是涉及国家机密的，只有经过特别批准才能查阅。这项规定严格执行使得那些有不正当收入的人难以谋求公职。第二，严格限制公务员离职和退休后的再就业。公务员在离职、退休后利用任职时的关系，同私营企业勾结，采取不正当手段获取巨额优惠合同，是美国常见的经济犯罪形式之一。因此，《廉政法》做出了严格详细的规定，对公务员从事与其担任公职期间的职务有关的商业活动，根据情况规定了一年到数年不等的限制期或是终身的禁止期。只有经过了限制期，公务员才能从事相关的商业活动。第三，美国《行政部门雇员道德行为准则》，对公务员的日常工作和行为等各方面作了严格规定。即不以权谋私、不偏袒包庇、不妨碍政府效率及经济运转、不丧失独立于公正的判断能力、不在官方渠道以外决定政府事宜、不破坏公众对政府廉洁的信任。第四，根据美国《独立检察官法》，任命独立检察官调查舞弊行为。一旦发现公务员有舞弊行为的嫌疑，司法部可以任命独立检察官进行调查，一经任命，在之后的整个调查、起诉过程中，独立检察官都享有绝对独立的权力，不受司法部的影响。上述两大利器的使用，在某种程度上有效地预防和惩治了腐败，当然也包括所谓的经商办企业的问题。上述法治手段对我国具有借鉴意义。要使得禁止官员经商得以实现有令即止，必然要对现行的党内法规进行细化，并转为国家立法。本文认为具体做法如下：

（一）界定官员亲属的范围

从 1979 年以来，众多关于政府官员、领导干部亲属违规经商的法律法规文件，对亲属的限制范围存在一定的缺陷。其中多数文件所指的亲属只包括配偶、子女直系血亲、兄弟姐妹旁系血亲这几个血缘关系相对亲密的近亲属，有的甚至只包括配偶和子女；有的文件对亲属没有明确的解释，后期相关的司法解释文件虽有进一步的解释。但总体上讲，对亲属的相关规定过于模糊化。关于亲属的规定，从政府官员亲属违规经商的案例来看，涉及的亲属多数包括直系旁系血亲、姻亲，因此，把亲属的范围局限于近亲属是远远不够的，明显存在监管范围窄小、监管效果不理想的问题。另外，公职人员除亲属外，可能由其没有血缘关系的朋友或代理人从事商业活动，在这方面的监控制度相对空白，其所受约束力不够，这是公职人员隐性经商的重要原因之一。因此，应该更进一步明确规定亲属的范围，包括直系旁系血亲、直系旁系姻亲、配偶等所有基于婚姻、血缘或法律拟制而产生的法律意义上的亲属，甚至包括亲近的朋友，均列入监管范围。

（二）界定违规经商的界限

公务员或亲属违规经商问题衍生出很多新问题。首先，要明确违规经商的界限，是领导干部的亲戚一律不准经商，还是建立一份官员经商负面清单？首先，还是应建立起负面清单制度，合规经商的，有明确的市场准入制度，违规经商行列纳入市场禁入名单，坚决惩处触及禁区"高压线"的政府官员亲属违规经商行为。那么，如何清晰界定官员是否为其亲属从事营利性经营活动提供各种便利条件并违规谋取私利呢？例如，上海市《关于进一步规范本市领导干部配偶、子女及其配偶经商办企业行为的规定（试行）》以及相关法律法规对违规经商的规定，有一个相对规范的界定标准。从"政府官员的职务级别"这个指标来对政府官员亲属违规经商进行界定，通过对政府官员亲属违规经商的清晰界定，对不同职级、不同岗位的政府官员在其职权管辖范围内划分清晰明确的市场禁区，以法律的形式保障政府官员亲属的合法合规经商，惩处政府官员亲属违规经商行为。再如，规定国家科级以上级别的正职官员的配偶不得经商办企业。其亲属不得在官员管辖区域内经商办企业，不得在本市从事可能与公共利益发生冲突的经商办企业活动。科级以上级别的副职官员的亲属不得在官员管辖区域内经商办企业，不得在本市从事可能与公共利益发生冲突的经商办企业活动。因为各级"一把手"掌握的权力过于集中，往往集人权、财权、物权于一手，是违规经商腐败高发的岗位。这项指标的规定能有效规范各机关各部门"一把手"权力的正确使用。通过限制其配偶不得经商，其亲属不得在本管辖区域内经商，能有效贯彻落实把"一把手"权力关进笼子里，把权力装进"笼子"、让权力安全运行，大大降低了其亲属违规经商的可能性，有效阻断官员亲属违规经商的乱象。关于政府官员职权管理范围，从这个指标对违规经商进行界定，参考相关法规可知，政府官员亲属不得在其职权管辖范围内进行经商办企业。关于政府官员是否干预插手其亲属经商办企业以及是否从中受益，从这个指标来看，政府官员所在单位及其亲属所在企业不得进行有关联的业务活动。在关联交易过程中为亲属的经营活动提供便利条件，或者其关联交易不经法定程序、明显违反市场价格规律，从中受益等均视为违规。

（三）加大责任追究力度

对公务员的监督方面，各国都强调体制的监督力度。例如，美国设置了强有力的监督机构：首先是司法部。主要负责在总统任命高级公务员之前，对其履历背景进行严格审查，以及对公务员的犯罪行为的侦查和起诉工作。其次是财政部下属的国内税务局。该局专门负责审查公务员是否偷税、漏税。最后是新闻机构的监督。美国的新闻机构被称为"第四政府"。再比如，德国政府对公务员从事第二职业的控制非常严格。除非特殊情况，政府一般不会批准公务员从事第二职业。同时，政府还严格控制公务员的各种社团活动。

政府官员亲属违规经商现象肆虐的其中一个重要原因是违法成本太小，被披露系数小，存在查处发现率不高、惩处力度不足、惩处举措不清晰等问题，因此构建权责对等的公职人员亲属违规营利性活动问责机制并严格执行，势在必行。健全落实相关政府官员亲属违规经商的问责机制，有针对性地加大违规经商中对政府官员、涉案亲属的惩罚力度，确保权力的运行有法可依、违法必惩，而不是落成"一纸空文"。具体而言，应详细明确规定违规经商所获利数额、起点以及具体惩戒举措，建议应当加重公务员经商所要承担的行政责任，并严格执行。例如，第一次查出有经商行为的公务员，可以给予记（大）过、降级或撤职的处分，同时也给其一次改过的机会；如果再次被查出有经商行为，则直接给予开除处分，并没收其经商所得。有明确受害人的，可以将其经商所得用于补偿受害人，没有受害人的则上缴国库，真正对公务员起到威慑的作用。

第四节 公务员的其他私行为规制

一、通奸行为

在常见的报道中，经常会出现官员与异性保持不正当关系，被表述为"与异性发生并保持不正当性关系"，更多被通报的贪官赃官的通奸则被认为生活腐化、道德败坏等。近年来的有关通报中，有不少以"通奸"来进行定性。"通奸"指有配偶的一方与配偶以外的异性自愿发生性行为，属于违反社会主义道德的行为。在我国的刑法及相关法律中，一般情况下，没有对通奸作出定罪的规定。但是在党纪中则有对通奸的惩戒规定。2018年修订的《纪律处分条例》第135条明确规定："与他人发生不正当性关系，造成不良影响的，给予警告或者严重警告处分；情节较重的，给予撤销党内职务或者留党察看处分；情节严重的，给予开除党籍处分。利用职权、教养关系、从属关系或者其他相类似关系与他人发生性关系的，从重处分。"对此，处分条例主要做出了几个基本的规制：其一，搞权色交易或者给予财物搞钱色交易的，给予警告以上处分。这一条属于党的廉洁纪律的范畴，针对与腐败相关的不正当性关系。其二，与他人发生不正当性关系，造成不良影响的，给予警告以上处分。其三，对于利用职权等关系的，从重处分。这一条属于党的生活纪律范畴，应是针对与腐败无关的不正当性关系。

（一）立法规制

对于官员私生活的规制，包括通奸等行为。其原因在于防范权色交易，避免失去民众信赖。当然，官员有隐私权，但其行使的是公权力，其隐私权则会受到相应的限制。由于权力的行使，民众的监督权和知情权也成为了立法规制的基础。第三任总统托马斯·杰斐逊（Thomas Jefferson）曾说过："民意是政府的基石，这是我们必须坚持的首要目标。"由于各国国情不同，民众的接受程度不同，故在立法的范围或限制方面，有所不同。从本质上讲，官员的行为可以分为公益行为和私益行为，公共权力的行使所维护和促进的是公共利益，自身权利的行使所维护和促进的是私人利益。但隐私权的复杂性就在于，他们的隐私既存在于自身权利的行使中，又存在于其公权力的行使过程中。一个官员的学历、任职背景、任职能力、道德行为、廉政情况及私生活的状况等都可能会直接影响到其能否胜任其职位，影响到一个有效的政府或国家有序管理的是否实现，最终影响到人民的公共利益，所以，那么从维护公共利益的角度而言，作出适当限制是正义的，也是必需的。

例如，1912 年《暂行新刑律》规定："和奸有夫之姓者，处四年以下有期徒刑或拘役，其相奸者，亦同。" 1928 年《中华民国刑法》规定："有夫之妇与人通奸者，处二年以下有期徒刑，其相奸者，亦同。" 1935 年《中华民国刑法》规定："有配偶而与人通奸者，处一年以下有期徒刑。与其相奸者亦同。"〔1〕可见，民国时期通奸罪侧重处罚妇女。1994 年《法国刑法典》规定，对通奸者，处五年监禁并处罚金。《德国刑法典》也有通奸罪，但是规定只有直系亲属之间、兄弟姐妹之间的通奸行为才构成犯罪，应受刑罚处罚。美国刑法规定，任何人犯通奸罪都处三年以下监禁，美国至今有十多个州仍然保留通奸罪。《韩国刑法典》第 241 条规定了通奸罪，有配偶与人通奸，有明确证据的，处两年以下徒刑。但是，韩国宪法法院于 2015 年 2 月 26 日正式废除了已经在该国实行了 60 多年的通奸罪。瑞士、奥地利、印度、柬埔寨等国刑法也都规定有通奸罪。当然也有学者建议增设通奸罪，主要目的是戒除公务员色性，防止公务员做出有伤风化的行为而败坏政风和社会风气，因此宜将公务员通奸罪列入渎职罪，与公务员通奸者若有配偶，则配偶可以向公诉机关提出控告，由检察机关侦查、公诉，最后由法院裁判。公务员通奸罪的诉讼程序适用现行刑事诉讼法之刑事诉讼程序。〔2〕

---

〔1〕 王群：《通奸行为的刑事规制》，载《重庆交通大学学报（社会科学版）》2015 年第 2 期。

〔2〕 曾章伟：《公务员通奸入罪论》，载《法制与社会》2013 年第 8 期。

行政法规范对于公务员通奸行为，并没有直接的规定，一般都是原则性的规定。例如，遵守社会公德等。《民法典》第 1043 条第 2 款规定："夫妻应当互相忠实，互相尊重，互相关爱；家庭成员应当敬老爱幼，互相帮助，维护平等、和睦、文明的婚姻家庭关系。"夫妻忠实义务属于概括性条款适用于公民，当然也包括公务员。对于公务员的控制，不仅要符合夫妻忠实义务的法律规定，而且也要符合公务员所要求的诚信美德。当然，也有人认为，对于公务员通奸行为的禁止，是对当事人自由的过度侵犯。因为这样的行为系当事人双方自愿，他们是秘密的，是自愿地发生性关系，并无欺诈、胁迫的意思表示。国家立法机关目前也没有法律强制性地干涉，因此，通奸不为罪。当然，这一争论还在继续。

鉴于此，2015 年修订的《纪律处分条例》第 127 条规定："与他人发生不正当性关系，造成不良影响的，给予警告或者严重警告处分；情节较重的，给予撤销党内职务或者留党察看处分；情节严重的，给予开除党籍处分。利用职权、教养关系、从属关系或者其他相类似关系与他人发生性关系的，依照前款规定从重处分。"2018 年修订的《纪律处分条例》第 135 条规定："与他人发生不正当性关系，造成不良影响的，给予警告或者严重警告处分；情节较重的，给予撤销党内职务或者留党察看处分；情节严重的，给予开除党籍处分。利用职权、教养关系、从属关系或者其他相类似关系与他人发生性关系的，从重处分。"2023 年《纪律处分条例》修订后，该条变更为第 151 条。由此可见，"与他人发生不正当性关系"要比"通奸"的处罚重，而"包养情妇"处罚更重。一般认为，公务员通奸行为就是具备公务员身份的行为人，在已婚条件下故意与他人进行通奸，导致公务员所在单位遭受了损害后果的行为。按照《纪律处分条例》的解释，通奸行为，是指男女双方出于一定感情因素而自愿发生不正当性关系。在责任追究上，其行为分为造成不良影响、情节较重、情节严重三种不同程度的情况，从警告到开除党籍。也可以理解为，不是所有的通奸行为都会受到处分，被处分的起点是其通奸行为"造成不良影响"。包养情妇（夫）行为，是指男女双方以为对方提供可以维持当地一般生活水平的钱财、住所等生活资料为条件，与对方保持经常的、较稳定的不正当性关系。《纪律处分条例》并没有包括通奸行为的规定，一律以"与他人发生不正当性关系"概括：一是和刑法保持一致，不设通奸的行为，也与国外很多国家刑法的规定相似，不设通奸罪；二是"与他人发生不正当性关系"，外延更大，基本将所有的不正当关系都囊括，并加以惩戒。避免了过去在定性上，对此问题的过度描述。

（二）完善措施

第一，私生活的自我约束。当官员的私人生活与权力的运行和职务的要求存在正当合理关联时，其个人私生活必然受到国家法律和制度的必要限制和禁止。例如，发现私生活中存在某些不当行为、不道德行为或严重影响国家形象的行为，如包养情妇、与他人保持不正当关系等，在缺乏法律有效约束下，就要依靠党内法规，依靠公务员伦理进行自我约束，避免损害社会公共利益、政府形象。对于私生活，在自我约束的同时，公权力对于没有法律依据、事实根据的情况，也必须遵守隐私权的限制，不得随意披露。

第二，适当的公示制度。官员的隐私权是要受到限制还是要受到保护，一般会加以区分。对此，一般以公共利益优先的原则予以考虑，对于公务员任职公示、年度报告、重要事项报告、离职通告等重要环节，要进行公开。这不仅仅是民众所关乎的财产申报与公开等，也包括了对其配偶及争议的事项，例如，个人的经历、个人能力、学历年龄、个人品行、生理心理的健康状况等，进行公开。因为官员的选拔要考虑其情况是否符合国家价值，同样，任职中或离职的信息公开，也是需要规制利益冲突。为此，信息的公开是对于公民知情权的基本要求。

第三，严格审查标准。对于官员隐私权的公开，或涉及公共利益，或涉及前文所述的"与他人保持不正当关系"。在实践中，要明确区分涉及公共利益和"与他人保持不正当关系"隐私权类的案件，需要明确权利人主张的权利内容是否是隐私？权利人能否享有该隐私权？如何判定什么是公共利益？在不涉及公共利益时，要根据具体案件进行利益权衡，以判定保护哪种权利等。而在具体确定这些问题上，在以公共利益为优先标准的前提下，也不能忽视我国立法和司法中规定的侵犯隐私权的构成要件，即是否完全具备侵权主体、侵权客体、侵权主观、侵权客观等四要件。只有结合公共利益优先的标准和侵权要件的理论，依法认定是否侵权，并合理确定是否承担侵权责任，才能作出合理规制。另外，也要注意对于作为政治人物的官员的家庭隐私，如果在对官员个人隐私合理公开时也牵涉到了官员家庭成员的隐私，并且这些隐私的适当公开有利于还原事实真相，这时候官员的家庭隐私应适当让位于公共利益和公众知情权、监督权，允许进行对有关家庭隐私的披露，这并不构成对官员家庭其他成员的侵权。

二、其他生活作风问题

我国从古至今特别推崇作风建设。例如，儒家倡导的"修身、齐家、治国、平天下"的道德规范，共产党人也是较早提出作风建设。例如，延安的整风运动等。一般而言，作风有很多种，例如思想作风、学习作风、领导作风、工作作风和生活作风等。这在《公务员法》和《纪律处分条例》中都有所体现。其中，生活作风是一个私领域，但在立法及党内法规内，都又予以强调并加以重惩。例如，所涉及的包养情人、铺张浪费，追求享受等，其后果就是贪污腐败，危害国家和人民利益。当然，其他作风与生活作风也有直接或间接的联系，都极容易导致违法违规。

（一）铺张浪费

生活作风是日常的一种行为模式，受多方面的影响。其中，铺张浪费并非法律术语。其目前的相关规定主要出现在党内法规中。例如，一些领导干部追求高标准的物质消费，衣着、用品讲究名牌、高档。有些领导干部挥霍公款，吃喝玩乐，沉湎于花天酒地，利用各种机会出入豪华酒楼、饭庄宾馆和夜总会，利用公款进行各种名目的高消费娱乐活动，甚至用公款赌博、嫖娼，一掷千金毫不心痛。有的喜欢讲排场，比阔气，铺张浪费，不论大事小事，盲目追求规格，讲究气派，大肆挥霍，劳民伤财。有的违反规定，超标准修建和装修楼堂馆所，超标乱配、滥配交通和通讯工具。为此，大量的党内法规和相关规范性文件出台。例如，中共中央办公厅印发《习近平同志关于厉行勤俭节约、反对铺张浪费重要批示的通知》、中共中央政治局作出《关于改进工作作风、密切联系群众的八项规定》、中共中央办公厅、国务院办公厅印发《关于党政机关停止新建楼堂馆所和清理办公用房的通知》、中共中央、国务院印发《党政机关厉行节约反对浪费条例》等。

上述党内法规影响深远，意义重大。其中《党政机关厉行节约反对浪费条例》更是以明确的党内法规形式，将过去优秀的经验明确予以规范，并解决了一系列基本的法律问题。例如，该条例明确了"浪费"的定义，是指党政机关及其工作人员违反规定进行不必要的公务活动，或者在履行公务中超出规定范围、标准和要求，不当使用公共资金、资产和资源，给国家和社会造成损失的行为。这个定义规定了四个主要要件：

一是主体要件，明确了主体，即党政机关及其工作人员；

二是公务要件，明确了职务要求，即从事公务活动或履行公务；

三是行为要件，即超出规定范围、标准和要求，不当使用公共资金、资产和资源；

四是损害要件，即给国家和社会造成了损失。

以上四个要件缺一不可，当然，具体的归责原则，还需要进一步地细化。同时《党政机关厉行节约反对浪费条例》第 60 条，也规定了法律责任，即"违反本条例规定造成浪费的，根据情节轻重，由有关部门依照职责权限给予批评教育、责令作出检查、诫勉谈话、通报批评或者调离岗位、责令辞职、免职、降职等处理。应当追究党纪政纪责任的，依照《中国共产党纪律处分条例》《行政机关公务员处分条例》等有关规定给予相应的党纪政纪处分。涉嫌违法犯罪的，依法追究法律责任。"

对于公务活动的厉行节约、反对浪费的做法，必然会涉及公务员生活作风等相关问题，在私领域内，党内法规的影响仍然存在，甚至被地方细化为地方的党内法规予以规制。例如，各地方出台了大量的公务员办酒席规定或者党员干部操办婚丧喜庆事宜规定等。以湖南为例，湖南省纪委明确规定了第一条不准大操大办婚丧和其他喜庆事宜。婚礼宴请人数一般不得超过 200 人（20 桌），婚嫁双方同城合办婚宴的，宴请人数不得超过 300 人（30 桌）。葬礼应从严控制规模。除婚礼、葬礼外，其他喜庆事宜禁止以任何方式邀请和接受亲戚（直系亲属、三代以内旁系亲属及近姻亲，以下同）以外人员参加。[1]该规定目的在于反对浪费，并防止公务员敛财或腐败。但同时也招致了一定的非议，如有违人情、不合规矩等。

（二）封建迷信

一些公务员落马之后，其罪名包括"滥用职权进行封建迷信活动"。例如，某官员将亲人坟墓迁往都江堰后，曾请风水先生做道场等花费千万。此外，在一个重大投资项目接连出现不利突发事件后，该官员安排道士作法驱邪。[2]近年来，各级官员的迷信活动频频见诸媒体。对此，《公务员法》和《公务员处分条例》中都有明确禁止，包括党内法规也对此问题高度重视。公务员搞封建迷信，败坏了党风政风，带坏了社风民风，应严加管控。

对此，2023 年修订的《纪律处分条例》第 70 条规定："组织迷信活动的，给予撤销党内职务或者留党察看处分；情节严重的，给予开除党籍处分。参加迷信活动或者个人搞迷信活动，造成不良影响的，给予警告或者严重警告处分；情节较重的，给予撤销党内职务或者留党察看处分；情节严重的，给予开除党籍处分。对不明真相的参加人员，经批评教育后确有悔改表现的，可以免予处分或者不予处分。"第一类情形是"组织迷信活动"，其处分有两种：组织迷信活动的，给予撤销党内职务或者留党察看处分；情节严重的，给予开除党籍处分。第二类情形"参加迷信活动"，其处罚分为四种：一是造成不良影响的，给予警告或者严重警告处分；二是情节较重的，给予撤销党内职务或者留党察看处分；三是情节严重的，

---

〔1〕　参见《关于党和国家工作人员操办婚丧喜庆事宜的暂行规定》，湖南省纪委 2013 年 17 号文。

〔2〕　参见《中国官员为何迷信》，载 http://news. 163. com/special/guanyuanmixin/，最后访问日期：2024 年 5 月 25 日。

给予开除党籍处分；四是对不明真相的参加人员，经批评教育后确有悔改表现的，可以免予处分或者不予处分。在一些地方的党内法规中还严禁党员干部进行求神拜佛、参与封建迷信活动等。并对于封建迷信的行为进行了一定的界定。例如，严禁党员干部参加任何形式的求神拜佛、封建迷信活动；严禁党员干部在丧事中看风水、出大殡、请道场吹打念经、摆放纸牛纸马、为亡人送路开光等封建迷信活动。

（三）参与赌博

赌博作为一种非常普遍的现象，一般在《刑法》中有所规制。当然，由于各国对于赌博的认识不同，其可罚性也有争议。有理论认为，赌博行为本属个人任意处分财物的行为，并非罪恶，而好赌系人类的天性。对此，各国刑法对此规定不同。我国《刑法》第 303 条，更是明确规定了："以营利为目的，聚众赌博、开设赌场或者以赌博为业的，处三年以下有期徒刑、拘役或者管制，并处罚金。"因此，构成赌博罪的主观方面是故意，并且具有营利的目的，客观方面表现为聚众赌博、开设赌场或者以赌博为业的行为。同时，现行有效的《中华人民共和国治安管理处罚法》（以下简称《治安管理处罚法》）第 70 条也明确规定了对于赌博行为的禁止："以营利为目的，为赌博提供条件的，或者参与赌博赌资较大的，处五日以下拘留或者五百元以下罚款；情节严重的，处十日以上十五日以下拘留，并处五百元以上三千元以下罚款。"上述法律规定，适用达到责任年龄，具有责任能力的自然人。对于公务员，则除了法律规定外，还有行政法规以及党内法规的限制。例如，《公务员处分条例》第 32 条第 1 款、第 3 款规定："参与赌博的，给予警告或者记过处分；情节较重的，给予记大过或者降级处分；情节严重的，给予撤职或者开除处分。为赌博活动提供场所或者其他便利条件的，给予警告、记过或者记大过处分；情节严重的，给予撤职或者开除处分。在工作时间赌博的，给予记过、记大过或者降级处分；屡教不改的，给予撤职或者开除处分。挪用公款赌博的，给予撤职或者开除处分。用赌博索贿、受贿或者行贿的，依照本条例第二十三条的规定给予处分。"这里对于赌博的行为进行了分类，包括了参与赌博、为赌博活动提供场所或者其他便利条件的、在工作时间赌博、挪用公款赌博、利用赌博索贿等五类行为。上述行为基本涵盖了刑法中的禁止性规定。但是赌博的行为极容易与职务犯罪，包括渎职犯罪产生联系，故在我国《刑法》中加以禁止。但是近年来，赌博不仅出现了公款赌博的问题，也大量出现了境外赌博的情况，对法律规制产生了挑战。

为此，在党内法规方面，对于赌博的限制，进一步加强了控制。例如，公务员出境参加赌博的行为是否构成赌博罪，具有争议，但是明确属于违反党纪政纪的行为。某些地方政府发布了很多诸如此类的规范性文件。例如，2008 年中共安康市纪委、安康市监察局作出《关于进一步严禁党员干部参与赌博的通知》等。对于赌博行为的规制，不仅是教育的问题，而且是立法明确加以禁止的行为。如何有效地规制，则还存在很多模糊的地方。

第一，我国的刑法的相关条款明确规定，如果公务员贪污、挪用公款或者用受贿款进行赌博，则应分别以贪污罪、挪用公款罪或者受贿罪追究刑事责任。同时，行政机关公务员处分条例也有类似的规定，修改后的《纪律处分条例》，没有太多涉及该问题。

第二，增加条款的操作性。现有的行政法规，包括党内法规，对于赌博的认定等具体的内容，并没有明确的规定。例如，什么是赌博，参与赌博几次，数额多少，可构成上述行为，对于境外赌博如何认定。例如，有的地方党内法规明确规定，共产党员、国家工作人员打麻将、玩扑克牌赌钱，或参与六合彩、电子游戏机赌博、赌球、网络赌博等各种形式的赌博活动，均属违纪行为，一经发现，严肃按党纪、政纪处理；各级领导干部不准在宾馆、饭店、茶座等公共场所开房进行任何形式的"带彩"娱乐活动，不得在下基层调研或检查工作时进行任何形式的"带彩"娱乐活动，不得与管理或服务对象进行任何形式的"带彩"娱乐活动。[1]对此，要把握政策界限，注意把以营利为目的赌博和一般性娱乐活动区分开来，把党

---

〔1〕《省纪委：禁止领导干部参与任何形式的"带彩"娱乐活动》，载 http://www.hubei.gov.cn/hbfb/bmdt/201602/t20160222_1510360.shtml，最后访问日期：2024 年 3 月 25 日。

员干部、国家公职人员与客商、外来旅游者等人员区分开来，把亲属之间在家里娱乐同党员干部在宾馆、饭店、茶座等公共场所开房赌博区分开来。

第三，对于赌博现有的禁止性规定，仍然具有治标不治本的问题，要切断赌博与职务犯罪等问题的联系，则必须要加强制度监督。例如，加强财务、审计工作和强化管理、考核工作，最大限度地保障和监督各项权力依法、规范运作，从源头上加强对案件易发部位的重点预防和专项工作。特别是要严格财产管理纪律，加强对资金流转和现金的管理与控制，不给违法犯罪人员以可乘之机。

（四）卖淫嫖娼

卖淫嫖娼是指不特定的同性之间或者异性之间以金钱、财物为媒介发生性关系（不包括推油等按摩服务）（包括阴道交、口淫、手淫、肛交等）的行为。[1]其中，卖淫嫖娼的主体既不限于妇女，也不限于男人，也就是说，行为的主体既可以是女子，也可以是男子。我国现行《刑法》第360条规定："明知自己患有梅毒、淋病等严重性病卖淫、嫖娼的，处五年以下有期徒刑、拘役或者管制，并处罚金。"第359条第2款规定："引诱不满十四周岁的幼女卖淫的，处五年以上有期徒刑，并处罚金。"现行《治安管理处罚法》第66条规定："卖淫、嫖娼的，处十日以上十五日以下拘留，可以并处五千元以下罚款；情节较轻的，处五日以下拘留或者五百元以下罚款。在公共场所拉客招嫖的，处五日以下拘留或者五百元以下罚款。"《公务员处分条例》第31条规定："吸食、注射毒品或者组织、支持、参与卖淫、嫖娼、色情淫乱活动的，给予撤职或者开除处分。"除此之外，2003年《纪律处分条例》第156条规定，应给予开除党籍处分。《纪律处分条例》贯彻"纪法分开"原则，对国家法律法规已经规定的内容，在分则中不再重复规定，在总则中设定专门条款实现法纪衔接。因此，对于公务员且是党员的，根据2023年修订的《纪律处分条例》第35

---

〔1〕 最高人民法院、最高人民检察院印发《关于执行〈全国人民代表大会常务委员会关于严禁卖淫嫖娼的决定〉的若干问题的解答》的通知，法发〔1992〕42号。

条第 2 款"党员依法受到政务处分、任免机关（单位）给予的处分、行政处罚，应当追究党纪责任的，党组织可以根据生效的处分、行政处罚决定认定的事实、性质和情节，经核实后依照规定给予相应的党纪处分或者组织处理"进行处理。

对于卖淫嫖娼的查处，一直是公安机关执法的重点领域。当然也由于认定的困难，形成了一些争议性案件。例如"雷洋案"，严重地侵犯了相对人的人身权和财产权。对于卖淫嫖娼案件一直以来具有一定的争议，目前主流观点是全面禁止的模式，即国家通过法律法规对该行为全面禁止并予以追究法律责任，当然也包括了对于公职人员的全面禁止，这样不仅是防止权色交易，败坏党风政风的问题，而且也有利于解决行政伦理的导向问题。例如，很多人认为，嫖娼是在相互同意的成年人之间发生的，除非有其他人举报（或者说，即使有他人举报），执法人员也必然需要在不侵犯公民宪法权利的情况下查处，现行立法和执法过程中，对于卖淫嫖娼的处罚也不符合比例原则，尤其是公职人员还面临开除党籍及政务处分的问题等。诸如此类问题，还会长期存在争议。因此，对于公职人员涉及该行为的，应严格按照现行立法规定，从严处理。

目前，应当来讲，对于卖淫嫖娼具有严格的立法和执法，但我们也要认识到，要彻底解决卖淫嫖娼的问题，更需要合理的管制。对于公职人员而言，加大查处的力度和惩戒的力度，是有效防范此类行为的一贯做法。尤其是一些娱乐场所的经营从地上转入"地下"，具有地方保护伞。在打击过后，很快就会死灰复燃。对此，不仅需要公安督察、检察等部门加大检查力度和频率，而且也需要加强对于此类地区或行为的管理，进行针对性地管理，避免执法打击后出现反弹。其次，要建立一定的救助机制，依靠包括医生、心理医生、律师、培训和职业中介等方面人员组成的救助机构，为相关人员提供免费或"半免费"的救助服务。从长远看，还是应对卖淫嫖娼的相关立法进行重塑，在刑法上，要以有限犯罪为主，强化《治安管理处罚法》有效管制，以法治思维和手段解决这一问题。

第五章

公务员私行为构成违法概述

第一节　公务员私行为违反刑法

公务员的私行为的规制，不同于公务员的职务行为。其一是职务外的行为或私行为，本身具有差异性和复杂性；其二是两者之间不存在包容关系，但却有一系列的牵连。这不仅仅是因为立法对于公务员的私行为进行了规制，很多情况下私行为与公职行为具有直接或间接的联系。例如，经商办企业、请客送礼等等，虽是个人行为，但其背后实际上是公权力的运用，而实际上是损害公共财产、国家和人民利益的行为。此外，公务员的行为之中，还有大量的行为可能违反了刑法、民法或其他法律规范，有一些是《刑法》中明确规定的公务员职务犯罪，还有一些纯粹是其作为公民或个人违法了，并受到处罚。例如，公务员进行了故意伤害或谋杀，《刑法》会追究其责任，或者其进行了危险驾驶或酒驾，《治安管理处罚法》或《刑法》会追究其责任。但上述行为与职务没有直接关系，不过在法律之外，党内法规，如《纪律处分条例》同样也会对其进行处分，例如开除公职，或者其他处分行为。此类私行为，涉及面较大，难以统计。此类行为，凡是立法没有规定是职务行为的，即可依照私行为处理，避免过度的规制。

一、公务员的犯罪行为

有的学者提出过 "职务犯罪" "职业犯罪" "公职人员犯罪" 等概念，[1] 上

---

〔1〕　参见康树华、赵国玲主编：《犯罪热点透视》，群众出版社 1997 年版，第 271 页。

述概念差异很大，但其表达的意思一致，就对于特殊群体的犯罪行为进行研究。在刑法中，对公职人员或公务员的有关规定理应更加严格，尤其根据目前的犯罪情况来看，公务员属于高发群体，对其研究确有必要，但是不应将其与一般公民的权利义务相割裂。一般来说，公务员犯罪，主要指的还是公务员职务犯罪，对于其他犯罪能否也构成公务员犯罪，不仅是看构成要件，而且也要看该犯罪类型是否影响到公职，是否影响到人民的信赖。对此需要进行一定的梳理，尤其是一些职务犯罪，例如，贪污受贿罪中，公务员的界定关系到贪污贿赂罪的主体判断，也就直接关系到罪与非罪。

关于公务员职务犯罪的概念与特征，也是一个比较复杂的问题，一般来说，基本上要具备以下特征：

第一，公务员职务犯罪的主体。公务员职务犯罪的主体是自然人这一特殊主体，凡是达到刑事责任年龄、具有刑事责任能力、具备国家公务员身份的人都可以构成这一类职务犯罪的主体。公务员主体范围根据《公务员法》确定，不限于国家行政机关工作人员利用职权所实施的犯罪。当然，这里还有一个问题就是，《刑法》不认可的公务员职务外的犯罪纯属于以个人身份从事的犯罪，从理论上，当然也不能列为公务员犯罪，但是公务员在因职务犯罪被《刑法》处罚后，被政务处分或党内处分，则是根据其身份的特殊性，以及行为的危险性所进行的处分，两者之间是否要衔接呢？还是扩大公务员犯罪的概念——只要是公务员身份犯罪，就是公务员犯罪吗？显然，这是不科学的。

第二，公务员职务犯罪的主观方面。从公务员职务犯罪的主观方面来看，绝大多数公务员职务犯罪是故意犯罪。所谓公务员职务犯罪中的故意，是指行为人在行使职权中，明知自己违背职责的行为会危害国家公务利益，造成危害国家和人民利益的结果，而希望或者放任这种结果发生。其中，希望这种结果发生的是直接故意，放任这种结果发生的是间接故意。如玩忽职守罪、过失泄露国家秘密罪、国家机关工作人员签订、履行合同失职被骗罪等等。

第三，公务员职务犯罪的客观方面。根据我国《刑法》规定，公务员职务犯罪主要是指三类违反执行职务的行为，其一是指在执行职务行为时利用职务上的便利，进行非法活动，例如贪污、受贿、挪用公款等；其二是指在执行职务行为时滥用职权，例如刑讯逼供、徇私枉法、虐待被监管人以及私放在押人员等；其三是指在执行职务行为时，不履行依法应当履行且可能履行的义务，致使国家和人民的利益遭受重大损失，例如玩忽职守、过失泄露国家秘密等。因此，在认定职务犯罪时，确认其行为是否与职务具有相关性，应注意以下几个问题：（1）职务的相关性受犯罪主体资格的制约。也就是说，认定其行为是否与职务有关；（2）职务的相关性受法律的制约；（3）职务的相关性受公务活动的制约。即只有当行为人依照法律从事公务活动时，才能认为与其职务相关。如果不是在执行公务活动中，即便是公职人员，也不能认为其与职务有关。

第四，公务员职务犯罪的客体。公务员职务犯罪的客体是对各种类型的公务员职务犯罪所侵犯的社会关系的总称。从总体上来看，任何公务员职务犯罪都具有损害国家机关威信、破坏国家对公务员职务活动的管理职能这一共性。但从公务员职务犯罪的同类客体来划分，公务员职务犯罪可分为以下五类：一是以侵犯国家机关正常管理活动为主要客体的犯罪，这一类犯罪主要指的是公务人员所犯的渎职罪；二是以侵犯国家公务人员职务廉洁性为主要客体的犯罪，这一类犯罪主要指的是公务人员所犯的贪污贿赂罪；三是以侵犯公民权利为主要客体的犯罪，这一类犯罪主要指的是公务人员所犯的侵犯公民人身权利、民主权利罪中的职务犯罪；四是以破坏社会主义市场经济秩序为主要客体的犯罪，这一类犯罪主要指的是公务人员所犯的破坏社会主义市场经济秩序罪中的职务犯罪；五是以危害国家军事利益为主要客体的犯罪，这一类犯罪主要指的是公务人员所犯的军人违反职责罪。

综上是对于公务员职务犯罪的特征的描述。对于公务员私行为构成犯罪的，则根据刑法的构成要件决定。第一，这里的公务员是以个人或公民身份进行的犯罪行为；第二，其犯罪行为与职务没有直接或间接的关系；

第三，其责任不应加重或减轻；第四，刑法追责，与行政追责和党纪追责有着本质的区别，当然也有联系。例如，《纪律处分条例》规定，某些构成犯罪的行为，开除公职、开除党籍，其处分以刑法的定性为前提。当然有的时候也存在司法没有审判，但已给予了行政处分或党纪处分，主要还是因为两者是不同的责任范围，构成要件也不同。但是不可忽略的是，私行为构成犯罪，既不是职务范围，又与纯粹的个人犯罪有所不同，在多大程度上会直接或间接影响到职务行为呢？

二、公务员职务犯罪和私行为犯罪的类型

公务员私行为构成犯罪，是指公务员因其职务外或个人行为构成犯罪且损害了职务的行为。至于什么构成损害了职务，则需要具体分析了。例如，《刑法》规定了危险驾驶罪，该罪在主观方面表现为希望或放任的故意，其行为方式主要包括了醉驾和追逐竞驶两种行为。《公务员处分条例》第17条第2款规定，行政机关公务员依法被判处刑罚的，一律给予开除处分。此处的刑罚，是指《刑法》规定的主刑，即管制、拘役、有期徒刑、无期徒刑、死刑；刑法规定的附加刑，即罚金、剥夺政治权利、没收财产。行政机关公务员无论被依法判处主刑，还是被单处附加刑，或者被判处有期徒刑缓期执行的，一律给予开除处分。同样2023年修订的《纪律处分条例》第34条规定："党员犯罪，有下列情形之一的，应当给予开除党籍处分：（一）因故意犯罪被依法判处刑法规定的主刑（含宣告缓刑）；（二）被单处或者附加剥夺政治权利；（三）因过失犯罪，被依法判处三年以上（不含三年）有期徒刑。因过失犯罪被判处三年以下（含三年）有期徒刑或者被判处管制、拘役的，一般应当开除党籍。对于个别可以不开除党籍的，应当对照处分违纪党员批准权限的规定，报请再上一级党组织批准。"

既然立法非常明确，构成犯罪，严重者就被"双开"，即不再是公务员，也不再是党员。再说公务员犯罪，有何意义呢？若是仅仅是教育和评价的意义，则作用不大。因此对于公务员犯罪的理解，更在于理清楚此类犯罪行为，并进一步加以预防或惩治。

（一）职务犯罪类型

《刑法》中涉及公务员职务犯罪较多，都有其相应的构成要件。基本分为以下几个类别：

第一，贪腐型职务犯罪。常见主要有贪污犯罪、挪用公款罪、私分国有资产罪、隐瞒境外存款罪、巨额财产来源不明罪、私分罚没财物罪等，其中隐瞒境外存款罪、巨额财产来源不明罪，过去对其认识也是停留在私人事务上，但是被列入《刑法》后表明了其设立的科学性。一些公务员因此进行贪腐，将其存款存到境外，并将其子女、亲属安排移民外国，成为名副其实的"裸官"，为将来逃亡国外做准备。

第二，受贿型职务犯罪。受贿罪是公务员职务犯罪中非常典型的一个犯罪类型。该罪主要是指公职人员利用职务上的便利，非法收受他人财物，为他人谋取利益，或者主动索取他人财物的行为。受贿行为主要有两种最基本的形式：一是行为人利用职务之便，非法收受他人财物，为他人谋取利益。非法收受他人财物是指在行贿人主动行贿的情况下，受贿人非法收受贿赂，意图许诺或者已经为他人谋取正当或者不正当的利益。该种情况下，受贿方等于是被行贿方所收买，这显然与公职的不可谋私利性相悖，在法律上当然应受到否定性的评价。二是行为人利用职务形成的地位优势，采取索要、胁迫或者变相胁迫索要的方式，向他人索取财物。

第三，渎职型职务犯罪。一般来说，此类犯罪主要表现为以下几个内容：滥用职权罪，玩忽职守罪，故意或者过失泄露国家秘密罪，违法提供出口退税凭证罪，签订、履行合同失职被骗罪，非法批准征用、占用土地罪，非法低价出让国有土地使用权罪，招收公务员、学生徇私舞弊罪，失职造成珍贵文物损毁、流失罪，等等。此外，还有特殊国家行政机关公务员渎职犯罪，主要有：徇私舞弊不移交刑事案件罪，滥用管理公司、证券职权罪，徇私舞弊不征、少征税款罪，徇私舞弊发售发票、抵扣税款、出口退税罪，违法发放林木采伐许可证罪，环境监管失职罪，传染病防治失职罪，放纵走私罪，商检徇私舞弊罪，商检失职罪，动植物检疫徇私舞弊罪，动植物检疫失职罪，放纵制售伪劣商品犯罪行为罪，办理偷越国（边）境人员出入境证件罪，放行偷越国（边）境人员罪，不解救被拐卖、绑架妇女、儿童罪，阻碍解救被拐卖、绑架妇女、儿童罪，帮助犯罪分子逃避处罚罪等。

第四，侵权型职务犯罪。在实际生活中，国家公务员侵犯公民合法权益的事情时有发生，构成犯罪的也很多，主要有：非法拘禁罪，刑讯逼供罪，非法搜查罪，暴力取证罪，虐待被监管人罪等。

（二）私行为构成犯罪

以上职务犯罪，其主体都要求有公务员身份。对于私行为犯罪，本书认为可以使用排除法，即除职务外的行为，都可以构成私行为犯罪的这一类别。但是再进一步细分，涉及罚则，是会影响到其职务行为的形式。所以，在我国《公务员处分条例》中，以开除作为最终的处分。但是不可否认，有些私行为极容易构成犯罪，尤其是公务员。主要有以下两类：

1. 构成一般犯罪的私行为。例如，危险驾驶罪。根据《刑法修正案（九）》第 8 条、2023 年《刑法》第 133 条之一规定："在道路上驾驶机动车，有下列情形之一的，处拘役，并处罚金：（一）追逐竞驶，情节恶劣的；（二）醉酒驾驶机动车的；（三）从事校车业务或者旅客运输，严重超过额定乘员载客，或者严重超过规定时速行驶的；（四）违反危险化学品安全管理规定运输危险化学品，危及公共安全的。机动车所有人、管理人对前款第三项、第四项行为负有直接责任的，依照前款的规定处罚。有前款行为，同时构成其他犯罪的，依照处罚较重的规定定罪处罚。"在一些国家，将公务员私行为的犯罪，予以严重处罚。如德国、美国、加拿大、英国、新加坡等，将酒后驾驶行为列为严重犯罪。上述犯罪的构成要件对于主体要件并没有特殊规定，不像很多资格刑，专门针对特定职业人群。但是对于公务员危险驾驶，涉及犯罪的，会予以开除。即使尚未构成犯罪，但是针对后果严重的，法律也会给予行政处分。这主要因为公务员不能享受规避法律的特权，对于公职人员的私行为，尤其对于酒驾或醉酒进行的规制，是对于公职人员更高的道德要求和法律要求，这与其职业伦理具有密切的联系。

2. 构成暴力犯罪的私行为。目前，官员或公职人员涉黑，还没有系统的概念。根据公职人员参与程度上和参与角色，主要的几种学说将其涉黑官员的堕落轨迹分为：渗透参与型、组织领导型、包庇纵容型等。渗透参与型公职人员涉黑犯罪，主要是指黑社会性质组织通过各种手段秘密安排其组织成员进入政府机关，成为官员，以帮助其更好地实施犯罪，或者涉黑公职人员为了谋取个人利益，明知是黑社会（性质）组织而自愿加入，为黑社会（性质）组织出谋划策，并积极参与该组织实施的违法犯罪活动的犯罪行为；组织领导型公职人员涉黑犯罪，指涉黑公职人员为谋取个人利益，引诱、拉拢、招募人员，成立黑社会（性质）组织，并领导、指挥、控制、率领黑社会（性质）组织进行违法犯罪活动的犯罪行为；包庇纵容型公职人员涉黑犯罪，是指涉黑公职人员明知是黑社会（性质）组织犯罪而不依法履行职责或暗中保护支持的犯罪行为。诸如此类的分析，主要是从形态的危害和外在表现的不同进行分析。从行为来看，涉黑案件有权力人员参与，大多是对于公职的寻租，单纯从性质上看，很多属于个人行为，但其表现又是以权谋私。其犯罪领域广，社会危害性大，是需要严加管制的，对此无论公务员的公职行为还是私行为，均需要管控。

第二节　公务员私行为违反行政法

公务员违反行政法规范，不构成犯罪，正是我国《政务处分法》《公务员处分条例》规制的范围。由于公务员的身份，违反行政法规范，也可以分为职务行为违法和职务外或私行为违法。两者责任类型当然也不同，一类是因职务产生的责任，另一类则是《政务处分法》《公务员处分条例》规定的行为规制，包括了私行为。

一、公务员违反行政法规范

公务员是行政权力的实施者，在行使职权，或不依法定职责则会产生违法责任，即行政责任。当然，构成犯罪的，追究刑事责任。公务员违反行政法规范，一般来说，也具有如下特征：

第一，行为主体是公务员。这一点已经毋庸赘言，前有论述。

第二，行为发生在执行公务的过程中，与职务有一定的、或多或少的关系。如果违法行为完全属于公务员的个人行为，与行政权力无关，则应当由民法调整或其他规范调整。

第三，公务员违反的行政法规范，即行政法规范的义务。而在行政侵权领域，所谓"违法"系指行为在客观上欠缺正当性，包括违反宪法、法律以及行政法规的一般性原则等。

第四，责任属于公务员的个人责任，由公务员个人承担。在我国，公务员不承担外部性的责任，其责任完全由组织承担。

第五，公务员行政责任是一种综合性的法律责任。法理上，通常把法律责任分为民事责任、刑事责任、行政责任等。公务员违法行政责任不限于以上任何一种责任，而是一种综合性法律责任。也就是说，公务员违法行政行为所引起的法律责任是综合性的。

一般来说，公务员的身份及其职权构成了违法的基本前提。公务员私行为不具有职权因素。严格来讲，即使违法也不构成行政责任。但是，我们注意到行政职权的运行是以多种条件为基础的，既有国家授权，也有社会的接受。如果公务员的私行为社会不予接受，则可能成为立法规制的正当要求。例如，有的官员包养情妇，这属于个人道德操守问题，但是手握权力，却行肮脏之事，民众无法想象这样的官员会依法行政。也正是出于这样的考虑，我国《公务员处分条例》，包括其他国家的道德立法，都将对个人某些私行为进行立法规制。

二、公务员私行为违反行政法规范

公务员违法，其身份责任与公务员职务有着紧密的关系，主要表现就是公务员行使职权以及在职务履行中所违反的相关义务。还有一些与职务没有任何关系的责任，其主要就是对于公务员的私行为的追责。

（一）职务义务关系的责任

确定公务行为则是一个非常棘手的问题。有学者指出："任何对公务行为设立确定的界定标准的尝试，都难以跨越标准的有限性与划分对象的无限性之间的鸿沟。"[1]英美法系国家倾向于从主观上认定公务行为，即以公务员的意思为判断标准，执行公务的范围通常也局限于公务员办理的事项范围；大陆法系国家在认定公务行为时，倾向于从行为的外观上认定，称为外界标准理论或外表理论。一般来说，即只要公务员的行为与行政职务有联系，客观上便具有公务的特征。而作为公务员，一般不能成为违法行政责任关系中的名义主体，其行为归属于行政主体。但因其违反行政法规范要求，会形成行政违法，主要包括行政超越职权、行政滥用职权、行政不作为违法、违反法定程序、事实问题瑕疵、行政适法错误、其他违法行政行为，等等。对于上述行为的外部责任，立法一般都有明确的规定。例如，《国家赔偿法》第16条规定："赔偿义务机关赔偿损失后，应当责令有故意或者重大过失的工作人员或者受委托的组织或者个人承担部分或者全部赔偿费用。对有故意或者重大过失的责任人员，有关机关应当依法给予处分；构成犯罪的，应当依法追究刑事责任。"

（二）身份义务的责任

公务员具有双重身份，即普通公民身份和公务员身份。普通公民身份是国家公务员的第一重法律身份。一旦成为公务员，应当奉献全力于国家，其承担的义务原则上可以分成两类："职务义务"与"身份义务"。身份义务不同于职务义务，即使在非执行职务时，公务员也必须遵守。如法国公务员义务中的保持良好品格义务；我国《公务员法》中规定公务员不得支持色情、吸毒、赌博、迷信等活动以及不得作出其他违反职业道德、社会公德、家庭美德的行为，这就是一种身份义务。作为一名公务员，不

---

〔1〕 参见梁三利：《行政职务行为探析》，载《当代法学》2002年第2期。

仅要严格依照相关法律规定来履行自身的行政职责，而且还要承担更多的道德和纪律规范的约束。这些道德和纪律的约束，很多部分属于私行为，例如赌博、迷信，等等。因此，我国法律法规规定，公务员违反纪律规范，同样会承担行政惩戒。例如，《公务员处分条例》第33条规定："违反规定超计划生育的，给予降级或者撤职处分；情节严重的，给予开除处分。"当然，这种规定已然面临合宪性和合法性的质疑。

除了以上两种基本的分类外，还有一类涉及公务员的私行为，介于两者之间，即对于工作情况的审查，涵盖了对于个人行为的规范。例如，德国的《联邦公务员法》和《联邦公务员纪律条例》明确规定了相关的内容，包括政府人事总监要详细观察和认真记载国家各级公务员日常工作的数量、质量、品行、勤懒、服务态度、性格、特长等各类情况，国家官员还必须向上级报告其住宅的选择、制服的穿着、是否兼职、是否接受酬谢、下班后在办公处附近逗留情况等，事无巨细，全面限制官员的隐私，将其时刻置于公众监督之下。

三、行政法律责任

公务员的职务和身份义务，以及其他义务，被规定在法律、行政法规、行政规章以及所有的行政规则中，但是对于私行为的规范并不健全，也还不存在全方位、系统的规范。对此，对于成文规则的违反，一般构成行政违法或不当，但是没有成文规则的，也并非完全置之不顾，私行为的立法是对现有客观规则的补充。公务员的私行为若不妥善规范，则会影响至深。这需要私行为的立法规范能够提供一套客观的、可操作的标准，从而完成了道义评价向社会评价的转变。"在法学方法论意义上言之，这实际上是一个法律规范囊括价值的过程。"[1]也就是说，在体现道义责任论的过错责任原则中，抽象的、主观的道德评价标准已经转化为极具操作性的、客观的技术性规则。

---

〔1〕　［德］卡尔·拉伦茨：《法学方法论》，陈爱娥译，商务印书馆2003年版，第29页。

对于行政违法的判断，以及责任的评价机制，来自规范的构成要件。一般来说，侵权并造成损害的事实，就意味着应当承担责任。这里损害事实是明确的或可评估的。但私行为在客观上造成的损害，则比较抽象，或说它损害了公务员管理的秩序，或造成了公众的影响，若没有法律明文规范，则难以考察。例如，公务员穿奇装异服上班，个人行为无疑，但从公务员规范来看，则不妥。这侵犯了什么权益，难以言明。对于行政侵权，我们一般认为，是对于公共利益或一般社会的安全利益有所侵犯。因此，对于公务员私行为的规范，尤其是还没有被立法认可的规则，则还需要进一步研究。从法律来讲，不存在什么纯粹的道义责任，价值和事实的融合形成了法律责任。

因此，行政主体承担行政法律责任的形式一般以行政赔偿为主，此外还包括返还财产、赔礼道歉、承认错误、恢复名誉、消除影响、恢复原状等形式。行政主体承担的法律责任以补救性的责任为主，目的在于对受侵犯之原权利实施补救。但赔偿损失是一种兼具惩罚性和补救性的责任承担方式，正如英国学者彼得·斯坦和约翰·香德所称，因过失而支付的损害赔偿"是一种对做了某种错事而进行的惩罚。"[1]对于私行为的规范，如其他行为应趋向一致。除外部责任外，以政务或行政处分为内部责任。

第三节　公务员私行为违反党内法规

公务员和党员，本是两个特殊的身份，前者是对国家机关工作人员的基本定位，后者是对中共党组织成员的基本定位。除行政惩戒外，党员若违反了党内纪律，也会受到相应的处分。由于之前的《纪律处分条例》的规范过于宏观、笼统和抽象，尤其是程序性规范不足，在实际操作中，既容易使党纪执行过程流于形式，也容易忽视对党员权利的保护。2018年、2023年中国共产党对于《纪律处分条例》进行了全面修改。增加了大量的

---

〔1〕［英］彼得·斯坦、约翰·香德：《西方社会的法律价值》，王献平译，中国人民公安大学出版社1990年版，第154页。

内容，并对于法律重复的内容进行了删除。对公务员或党员的私行为方面，该《纪律处分条例》同样做了很多规定，值得研究，也值得将来进一步转化为国家立法。

一、公务员私行为违反党内纪律的基本规范

《党章》第 2 条第 3 款规定："中国共产党党员永远是劳动人民的普通一员。除了法律和政策规定范围内的个人利益和工作职权以外，所有共产党员都不得谋求任何私利和特权。"《党章》中"共产党员都不得谋求任何私利和特权"的要求，实际上是对于党员私行为的总的规范，具有纲领性和强约束性。在此基础上，《纪律处分条例》对此做了细致的规定。2023年《纪律处分条例》对 2018 年《纪律处分条例》做了全面的修订。同样包括了对违反政治纪律行为的处分、对违反组织纪律行为的处分、对违反廉洁纪律行为的处分、对违反群众纪律行为的处分、对违反工作纪律行为的处分、对违反生活纪律行为的处分，等等。尤其是重编了原条例中"对违反生活纪律行为的处分"章节的有关内容。

（一）违反政治纪律行为的处分

《纪律处分条例》对于违反政治纪律做了详细的规定。就其规定而言，很多从属性看属于个人行为，但是党内法规对其进行规制后，这些行为就成为违反党内政治纪律的行为。例如，2023 年《纪律处分条例》第 50、51 条规定了多种不当的政治言论和政治表达行为，包括了通过网络、广播、电视、报刊、传单、书籍等，或者利用讲座、论坛、报告会、座谈会等方式，公开发表禁止性文章、演说、宣言、声明等，或者为上述行为提供方便条件的，等等。根据条例，诸多违反政治纪律的行为明确含有"私自"的限定和对个人行为的管制。例如，私自携带、寄递第 50 条、第 51 条所列内容之一的报刊、书籍、音像制品、电子读物等入出境；私自阅看、浏览、收听第 50 条、第 51 条所列内容之一的报刊、书籍、音像制品、电子读物，以及网络文本、图片、音频、视频资料等。2023 年《纪律处分条例》还将未经组织批准参加其他集会、游行、示威等活动的；组织、参

加旨在反对党的领导、反对社会主义制度或者敌视政府等组织的；组织、参加会道门或者邪教组织的；在党内搞团团伙伙、结党营私、拉帮结派、培植私人势力或者通过搞利益交换、为自己营造声势等活动捞取政治资本的；参加迷信活动或者个人搞迷信活动的行为，都涵盖在"违反政治法律"的行为中。同时，条例也在第76条明确了违反党的优良传统和工作惯例等党的规矩，等等；上述四种不当的政治言论和政治表达行为（第50条至第51条），拒不执行、故意作出与党和国家的方针政策以及决策部署相违背的决定或擅自对应当由中央决定的重大政策问题作出决定的行为（第56条），搞封建迷信（第70条）等，都掺杂了个人的行为。作为党员，就要高要求，《党章》第3条第3项规定党员必须"坚持党和人民的利益高于一切，个人利益服从党和人民的利益，吃苦在前，享受在后，克己奉公，多做贡献。"

（二）违反组织纪律行为的处分

党的组织纪律，是党的重要纪律之一，是处理党组织与党组织之间，以及党组织与党员之间关系的行为准则，也是维护党在组织上团结统一的基本原则和制度。2023年《纪律处分条例》对于违反组织纪律进行了大量的规范。其中也大量涉及了个人的行为。主要包括了不按要求报告或者不如实报告个人去向，情节较重的；违反个人有关事项报告规定，不报告、不如实报告的；在组织进行谈话、函询时，不如实向组织说明问题的；不如实填报个人档案资料的；篡改、伪造个人档案资料的；党员领导干部违反有关规定组织、参加自发成立的老乡会、校友会、战友会等，情节严重的；违反有关规定办理因私出国（境）证件、前往港澳通行证，或者未经批准出入国（边）境的行为等。上述行为，由组织纪律约束，其约束的客体多为党员的个人行为，例如因私出国等。对于普通公民来说，一般没有限制，但是党员的行为，关系到党组织的正常运转和形象的维护。为此，特加以强调，当然该章也规定了对于拒不执行党组织决定的行为的惩戒条款。

（三）违反廉洁纪律行为的处分

对于违反廉洁纪律的，条例有严格的规定，同时《政务处分法》《公务员处分条例》中也有类似的规定。其中一些内容，在部分章节中也有涉及。例如，2023 年《纪律处分条例》第 94、95 条规定，利用职权或者职务上的影响为他人谋取利益，本人的配偶、子女及其配偶等亲属和其他特定关系人收受对方财物，情节较重的，给予相应处分。这就是典型的滥用职权行为。对于私行为的规范较为广泛，且此类行为都亟待转换为国家立法予以规制。例如，干部的配偶、子女及其配偶不实际工作而获取薪酬，或者虽实际工作但领取明显超出同职级标准的薪酬；收受可能影响公正执行公务的礼品、礼金、消费卡（券）和有价证券、股权、其他金融产品等财物；借用管理和服务对象的钱款、住房、车辆等；利用职权或者职务上的影响操办婚丧喜庆事宜，在社会上造成不良影响的；借机敛财或者有其他侵犯国家、集体和人民利益行为的；接受可能影响公正执行公务的宴请或者旅游、健身、娱乐等活动安排；违反有关规定取得、持有、实际使用运动健身卡、会所和俱乐部会员卡、高尔夫球卡等各种消费卡，或者违反有关规定出入私人会所的，等等。尤其是第 103 条至第 108 条规定了关于经商办企业等诸多规制，一则明确了六种重要的营利性活动；二则对于在审批监管、资源开发、金融信贷、大宗采购、土地使用权出让、房地产开发、工程招投标以及公共财政收支等方面谋取利益的，予以规制；三则进一步规范了"旋转门"的问题。这些规定实际多为各国的行政伦理法中常规的内容，党内法规更加细致和更具操作性的规定，使得私行为的规制更具有针对性。

（四）违反群众纪律行为的处分

群众纪律是党的各级组织和全体党员贯彻执行党的群众路线和处理党群关系必须遵守的行为规则。群众纪律是党的性质和宗旨的体现，是密切党同群众血肉联系的重要保证，是我们党区别于其他政治组织的显著标志和政治优势，更具有政党纪律的特色。[1]现行《纪律处分条例》第九章规定了八种违反群众纪律行为：不当增加群众负担的行为；干涉群众生产经

---

〔1〕 郑立东：《为什么将违反群众纪律行为单设一类?》，载《中国纪检监察》2015 年第 20期。

营自主权的行为；特定事项中优亲厚友的行为；利用势力欺压群众的行为；失职怠政的行为；盲目决策的行为；见危不救的行为；侵犯群众知情权的行为。实际上，在此规范中，要着重解决党员不愿同基层和群众打交道，怕给自己添麻烦，工作上敷衍塞责、推诿扯皮、得过且过的行为；有的对上曲意逢迎、对下横眉竖目，对群众要办的事情找各种理由拖着不办，不作为、慢作为，严重损害了党群干群关系。上述行为，绝大多数是在公务行为中公务人员的个人行为导致在公务中不作为、乱作为的问题。

（五）违反工作纪律行为的处分

违反工作纪律的行为中，有没有私行为的规制呢？这并没有泾渭分明的区分，在《纪律处分条例》中规定的 20 个条款中，同样存在职务行为和私行为的类型。例如，工作中不敢斗争、不愿担当，面对重大矛盾冲突、危机困难临阵退缩；违反有关规定干预和插手市场经济活动；违反有关规定干预和插手司法活动、执纪执法活动，向有关地方或者部门打听案情、打招呼、说情，或者以其他方式对司法活动、执纪执法活动施加影响；泄露、扩散或者打探、窃取党组织关于干部选拔任用、纪律审查、巡视巡察等尚未公开事项或者其他应当保密的内容的；以不正当方式谋求本人或者其他人用公款出国（境）；擅自延长在国（境）外期限，或者擅自变更路线的；驻外机构或者临时出国（境）团（组）中的党员，触犯驻在国家、地区的法律、法令或者不尊重驻在国家、地区的宗教习俗等。这些条例规制的事项，明显是由于个人的主观意愿和客观需求，对现有的职务行为或国家荣誉造成损害。对此，条例中也明确视情节，予以不同的处分。

（六）违反生活纪律行为的处分

现行《纪律处分条例》在第十章规定了违反工作纪律的行为，以公职行为居多。第十一章重点规范了党员的私行为。包括了生活奢靡、铺张浪费、贪图享乐、追求低级趣味，造成不良影响的；与他人发生不正当性关系，造成不良影响的；党员领导干部不重视家风建设，对配偶、子女及其配偶失管失教，造成不良影响或者严重后果的；在公共场所、网络空间有不当言行，造成不良影响的；有其他严重违反社会公德、家庭美德行为的，应当视具体情节给予警告甚至开除党籍处分。该项规定的条款虽然不多，但其聚焦于对党员的私行为的规制，尤其是家风建设。当然这也会存在一个问题，对于党内纪律与国家法律中规定的行为规范的审查标准，如何确定？例如，生活奢靡、贪图享乐如何理解？有学者指出，这主要是指党员背离了《党章》要求的"吃苦在前，享受在后"的义务和《廉洁自律准则》"尚俭戒奢"的要求。这些人的行为破坏了党员在群众心目中应当是"社会主义新风尚和社会主义荣辱观带头践行者"的良好形象。上述行为，还是比较主观的标准。对于将违反党内法规的行为转换为立法，应最好有明确的标准并加以公布，只有这样，公职人员或党员对其行为，才有正当预期。

二、党内纪律处分的基本程序

党内违纪案件的查处，有其独特程序，也具有一定的封闭性。之前，根据1994年《中国共产党纪律检查机关案件检查工作条例》，各级纪检机关对案件进行审理，一般以书面审理为主，一般包括了受理、审理、集体审议三个阶段。监察体制改革后，根据《监察法》《中华人民共和国监察法实施条例》（以下简称《监察法实施条例》），监察机关与党的纪律检查机关合署办公，坚持法治思维和法治方式，促进执纪执法贯通、有效衔接司法，实现依纪监督和依法监察、适用纪律和适用法律有机融合。根据要求，纪检监察机关采取的程序主要包括了线索处置、初步核实、审查调查、案件审理和案件处置等过程。

（一）线索处置

根据《监察法实施条例》第五章第一节规定，在线索处置这一程序上，纪检与监察是一体化推进的，使用同一套工作流程。根据《中国共产党纪律检查机关监督执纪工作规则》（以下简称《监督执纪工作规则》）和《监察法实施条例》，线索处置共有三条处置流程和四种处置方式：三条处置流程分别由信访举报部门、案件监督管理部门和其他部门接收线索并予以处置；四种处置方式分别为谈话函询、初步核实、暂存待查、予以了结。

（二）初步核实

初步核实是处置问题线索的重要方式，《监督执纪工作规则》与《监察法实施条例》中对初步核实做出了相对一致的规定。第一，纪检监察机关应当成立核查组，制作初步核实工作方案并报批。第二，采取特定措施收集证据、开展初核，撰写报告并提出处置建议。第三，初核结束后，核查组制作初核情况处置呈批表，按程序报批。

（三）审查调查

第一，立案。在对问题线索初核后，根据前期初步核实的事实和证据，纪检监察机关针对既涉嫌违纪违法又涉嫌职务犯罪的案件，对涉案人员使用双头文件同时进行纪检调查立案和监察调查立案。双头立案之后，承办部门实施的同一调查具有了纪、监双重属性，而在此调查过程中取得的同一证据，可同时适用于纪检调查与监察调查。

第二，调查。在开展审查调查的过程中，审查调查组要依照党章党规和监察法律法规的规定进行各类调查活动，严格履行审批程序。审查调查过程中采取特定措施依法全面收集证据，根据《监察执纪工作规则》第40条规定："审查调查组可以依照党章党规和监察法，经审批进行谈话、讯问、留置、查询、冻结、搜查、调取、查封、扣押（暂扣、封存）、勘验检查、鉴定，提请有关机关采取技术调查、通缉、限制出境等措施。"

（四）案件审理

案件审理部门在受理案件时，必须遵守党内法规和法律法规，全面审理案件的各个方面，包括事实证据、性质认定、程序手续、涉案财产等内容。此外，以实事求是的态度和独立审理的原则，确保审查调查人员不参与审理工作。在案件审理结束后，应该形成审理报告，并包括有关违纪、违法或职务犯罪的事实和审理意见等内容。如果涉及职务犯罪，还必须形成"起诉意见书"，作为审理报告的附件。如果党员存在严重违纪并涉嫌违法犯罪的情况，则需要优先作出党纪处分决定，并依照规定给予政务处分，之后，依法将其移送到检察院审查起诉。

（五）案件处置

纪检监察程序最终会体现在案件处置的环节，党纪和国法分别规定了不同的处置措施，使纪检监察案件在不同的程序中有对应的处置措施，在不同的情形下有对应的处分决定。在我国监察体制改革后，对于党内纪律的处分除有关条例的规定外，主要根据《监察法》《监察法实施条例》指引，力图达到纪检监察与监察程序在规则上的一体化。当然，违纪案件的审查程序，不同于司法程序，也会出现一些还不够完善的地方。诸如，纪律处分程序和刑诉程序的衔接，监察程序与党内纪律处分程序如何一体化推进等。

第六章

退休后从业规定

第一节　对于离职"旋转门"的基本规制

随着市场经济的发展，退休甚至主动辞职的公务员担任企业高管或"下海"经商的现象屡见不鲜，其中的旋转门问题，也越来越引起重视。这也是各国公务员立法重点考量的问题，规范"旋转门"，防止利益冲突。党的十八大以来，如何防范"旋转门"，并尊重公务员的职业自由，对于公职人员的个人利益与公共利益的再次平衡，是一个亟待解决的问题。在现有的法律政策的一再规制下，实际情况是"旋转门"屡禁不止，职业自由也未得到有效的保护。

一、约束"旋转门"的必要性

"旋转门"主要表现在公职人员在公私部门之间的职业转换，表现为私人部门人员从政，公职人员离职"下海"。当前我国的"旋转门"主要表现为从国家机关部门到社会其他行业部门的单向流动，相关法律法规及党规党纪也主要聚焦于此。基于我国的反腐实践，我国出现了一些公务员利用原来的职务影响拿高薪，直接到与原工作业务直接相关的企业、社会中介机构等营利性组织投资、任职，或从事与原工作业务直接相关的营利性活动，利用原有职权或者地位形成的便利条件谋取利益的现象，在群众中造成了不良影响。这种另类的"官商合体"的现象在饱受公众质疑的同时也引起了社会对于离职退休公务员从业限制的激烈讨论。2013年，王岐山在十八届中央纪委二次全会上作了工作报告。其强调规范领导干部离职或退休后从业行为；加强对配偶、子女均已移居国（境）外的国家工作人员的管理和监督；认真执行领导干部报告个人有关事项制度，并开展抽查核实工作。2017年中国共产党中央委员会组织部、人力资源和社会保障部、国家工商行政管理总局、国家公务员局印发了《关于规范公务员辞去公职后从业行为的意见》，进一步规范领导干部离职后的从业行为，是落实全面从严治党，完善公务员监督约束机制的重要举措。2020年《公务员辞去公职规定》第17条再次明确规定公务员辞去公职后，在从业限制期限内，应当于每年年底前向原所在机关报告从业情况。原所在机关应当同时对其从业情况进行了解和核实，对是否违反从业限制规定作出认定。

（一）规制的必要性

党的十八届三中全会以后，全面从严治党，从严管理干部成为政治生活新常态，而从严管理干部的重要改革举措之一就是构建干部"能上能下、能进能出"的流动机制。近年来，中央的一系列改革动向已经表明，公务员在体制内外有序流动是未来的正常态势。同时，宪法赋予每个公民劳动的权利和自由。劳动权对于每个公民而言，都属于基本人权。劳动权的内涵丰富，其中劳动权的一个重要面向就是工作权，而工作权的重要内容之一就是择业自由权。面对公民的劳动权，国家既有创造公平就业环境、提供就业机会的积极义务，也承担不妨碍公民自由择业的消极义务。当然，面对关于公务员离职下海的地方鼓励政策，也有研究者和实务者表现出了高度警惕。他们认为，在国家反腐败战略从"治标"逐渐迈向"治本"的时代背景下，此类政策不仅破坏了市场的公平竞争秩序，而且容易导致腐败的发生。面对这一现象，不仅基于我国法律规定，而且社会上大多数人都认为有必要对离职退休的公务员实行从业限制，理由主要有以下几点：

1. 公权力的影响力具有持续性。公务员在职期间行使一定的公权力，可能对隶属的单位具有一定的影响。这种权力具有相对的稳定性和渗透性，即便在公务员本人离开公务员机关后的一段时间内仍具有不可低估的影响作用。

2. 公务员更易掌握并使用公共资源。公务员在原政府工作中掌握了更多的信息，拥有更多的人脉关系，离职后如果为了获取利益而违法使用这些资源，可能导致国家机密的泄露和公共利益的受损，甚至会出现钻法律空子的情况，同时也会造成市场竞争中的不公平现象。辞职的公务员虽失去了公务员的身份和权力，但其原有的关系网、人情链、政府内部信息等其掌握的公共资源在一定时间内还可以发挥作用，这些都会成为特殊优势，从而严重损害市场经济的公平竞争秩序。

3. 社会的接受程度。公务员身份的特殊性使其行为持续受到公众的关注。公务员经商的不公平竞争现象，会使公众产生抵触情绪，这种情绪可能成为造成社会不稳定的因素，严重时甚至会发生群体性事件。

4. 现实情况的要求。近年来，一些官员在位时为企业谋利，等从领导岗位上退下后坐享企业"反哺"的现象仍屡有发生。这本质上仍然是一种腐败行为。为了加强廉政建设，防止公务员以权谋私，不仅要对公务员在职期间的行为严格约束，而且还必须对公务员离职后的行为作出一定的限制。

二、我国关于"旋转门"相关的规定

一般来说，《公务员法》第 107 条规定："公务员辞去公职或者退休的，原系领导成员、县处级以上领导职务的公务员在离职三年内，其他公务员在离职两年内，不得到与原工作业务直接相关的企业或者其他营利性组织任职，不得从事与原工作业务直接相关的营利性活动。"该规定是有原则性的规定。但其规范性及操作性缺失，长期以来，此规范基本形同虚设。此外，由于市场经济的发展，对于此问题，我党及政府应当长期关注，并加以约束。例如，1984 年中央发通知要求官商不能合办企业的同时仍留有余地，即允许党政干部自愿辞职办企业。1985 年中央办公厅和国务院办公厅联合发文，对离职退休干部从业行为作出了与在职干部兼职办企业一样的禁止性规定，即一律禁止离职退休干部担任任何类型经济实体的职务，已经担任的必须立即辞职。1993 年 8 月 14 日，国务院制定了《国家公务员暂行条例》。该条例对公务员的辞职行为首次做出了规范性调整。

依据该条例，1996 年国家人事部在制定的相应部门规章中对于"旋转门"的问题进行了规范。1996 年《中华人民共和国律师法》率先针对法律职业共同体内的法官、检察官离职"旋转门"问题做出行业法律调控。此后，2001 年全国人大常委会在 1995 年颁布的《法官法》和《检察官法》中增加了法官、检察官离职"旋转门"法律规制条款。2005 年 4 月 27 日《公务员法》在第 102 条中首次对公务员"旋转门"做出概括性的法律规定。

根据具有中国特色的"党管干部"原则，针对党政干部离职后的从业限制问题，中国共产党在不同层面先后发布了一些约束性规范。2000 年中央纪律检查委员会在第五次全体会议公报中，做出了对党政领导（县处级以上）干部离职的从业限制（此处"离职"理论上涵盖辞职、辞退及开除等情形，但实质上主要指向辞职，因为被辞退或开除的离职者信誉必然受损，已难产生较大的权力旋转价值）。2004 年，中共中央办公厅发文对干部辞职后的从业限制管理提出比较明确的规范性意见，并对通过带薪留职或者停薪留职等各种灵活形式使党政干部离岗经商的行为加以禁止。2010年，为了进一步促进党员领导干部廉洁从政，中共中央专门修订印发了多部党内法规，对党员领导干部离职后的竞业禁止行为作出规定。2013 年，中国共产党中央委员会组织部发布第 18 号文件，从干部管理的角度对党政干部辞职、退休及离休后在企业任职（兼职）提出从严约束的要求。该意见针对党政领导干部辞职、退休及离休之后在企业的从业（兼职或任职）行为规定了明确的规制期限、范围，同时还规定了严格的党内报告与审批程序。为了顺应全面从严治党的客观需要，党中央在 2015 年、2018 年和2023 年分别修订了《纪律处分条例》，该条例针对党员领导干部离职（实质指向辞职）、退（离）休后的违纪行为设定了明确的党内处分规定。

管理公务员离职"旋转门"的法律法规、规范性文件以及党规党纪越来越多，调控力度似乎越来越紧。然而，这些规范并没有发挥应有的规制作用，反而引发了很多争论。实践中官员离职后因利益冲突滋生的腐败现象屡有发生，公务员离职后"旋转门"相关的法律规制体系存在治理失灵的现象。

三、相关规定制度说明

（一）《公务员法》规定

我国《公务员法》第 107 条规定："公务员辞去公职或者退休的，原系领导成员、县处级以上领导职务的公务员在离职三年内，其他公务员在离职两年内，不得到与原工作业务直接相关的企业或者其他营利性组织任职，不得从事与原工作业务直接相关的营利性活动。公务员辞去公职或者退休后有违反前款规定行为的，由其原所在机关的同级公务员主管部门责令限期改正；逾期不改正的，由县级以上市场监管部门没收该人员从业期间的违法所得，责令接收单位将该人员予以清退，并根据情节轻重，对接收单位处以被处罚人员违法所得一倍以上五倍以下的罚款。"

该法条比较抽象，虽然规定了法律后果，但是其实际执行的效果并不理想。立法规制该问题是各国的惯例，例如，日本《国家公务员法》第 109 条规定："公务员离职两年以内，不得到其离职前五年间任职的、与人事院规则规定的国家机关或特定独立行政法人有密切关系的私营企业任职，违者将处一年以下徒刑或三万元以下罚款。"韩国《公务员伦理法》规定，"凡由总统令所确定的有关政府职员，自退职日起的两年内，不得到与其退职前两年间曾工作过的部门有密切业务关系、并具有一定规模的以营利为目的的私人企业就业。"我国《公务员法》第 107 条规定，与之前党内法规规定有所不同：

1. 适用对象。根据该条规定，公务员辞去公职或者退休的，其离职后的从业活动须受到一定的限制。对于公务员因其他情形，如被辞退、被开除而离职的，本法未作规定。这主要是考虑到被辞退和被开除的人员，已经失去了良好的个人声誉，其离职后即使到与其原工作业务直接相关的营利性组织任职或者从事营利性活动，也难以在其原所在机关"发挥作用"，因此该法未作规定。

2. 适用时间。根据该条的规定，公务员辞去公职或者退休的，原系领导成员的公务员在离职三年内，其他公务员在离职两年内，其从业活动受到限制。超过法律规定期限的，公务员的从业不再受到限制。

3.适用的行为。根据该条的规定，公务员辞去公职或者退休的，在规定的期限内，不得到与原工作业务直接相关的企业或者其他营利性组织任职，不得从事与原工作业务直接相关的营利性活动。

这里需要注意以下几个问题：

第一，如果公务员离职后从业，但并非在与原工作业务直接相关的领域内，则无论其从事的是否为营利性活动，均没有从业的限制。

第二，如果公务员离职后从事学术研究活动，或者在非营利性组织中任职从事公益活动，尽管其中有经营性活动，即使从事的活动与其原工作业务直接相关，也不在限制的范围之内。本条中的营利性组织或营利性活动是指以营利为目的的组织或活动。在非营利性组织或公益活动中，也可能有经营性行为，但其收益最后是用于公益事业的，因此不属于营利性的组织。例如，某慈善团体为了筹集慈善资金，在法律允许的范围内进行投资及经营活动，其间该慈善团体有时会以经营者的形象出现，但由于其将获得的收益仍用于慈善事业，该慈善团体即不属于营利性组织。

第三，如何理解"与原工作业务直接相关"，如何把握"相关"的程度？应当说，公务员法规定的这一标准是一个具有主观性和抽象性的标准。这是因为，公务员法是一个框架性的法律，而各个机关的职能、业务范围和管理权限各不相同，因此，本法中难以对何谓"与原工作业务直接相关"作出具体规定。事实上，从国外的一些立法例来看，有关的标准也是具有主观色彩的。例如，前述日本《国家公务员法》和韩国《公务员伦理法》均使用了"密切关系"的概念，而何谓密切关系，也需要进行解释。在执行本条规定时，一方面各个机关应当就本机关公务员离职后不得到哪些营利性组织任职或者从事哪些活动制定有关的规范，报经公务员主管部门通过后，作为公务员离职后从业活动的指引。另一方面，公务员离职后，在规定的期限内从业，应当履行谨慎注意的义务，即如拟从业的活动与原来的工作有关，并可能引致其他人合理怀疑的，可以就此向其原机关或公务员主管部门事先征询意见。

第四，对于公务员辞去公职或离退休后违反本法的行为，其原所在机关应当做好了解和相关的跟进、调查工作。如果发现其有上述违反本法规定的情形，应当及时向其同级公务员主管部门反映情况。公务员主管部门有权责令离职公务员改正其违法行为。

公务员辞去公职或者退休后违反规定从业的，《公务员法》授权工商行政管理部门对于有上述违法行为的人员，有行政处罚的权力，且没收其从业期间的违法所得。这里的违法所得，是指离职公务员违反本法规定，在营利性组织中任职所获得的报酬，或者从事营利性活动所获得的收入。对于接收单位，工商行政管理部门有权责令其将离职公务员予以清退，并根据情节轻重处以被处罚人员违法所得一倍以上五倍以下的罚款。

（二）党内法规规定

我国的党纪国法双重规定了此问题。2010年修订的《廉政准则》第2条曾规定禁止私自从事营利性活动，不准有下列行为：包括"离职或者退休后三年内，接受原任职务管辖的地区和业务范围内的民营企业、外商投资企业和中介机构的聘任，或者个人从事与原任职务管辖业务相关的营利性活动"。同时，在现行《纪律处分条例》中也有类似规定，关于职务后行为的禁止性规定，也是新增加的内容。

所谓职务后行为，是指党员领导干部离职或者退休后所从事的与原任职务有一定关联或者没有关联的从业行为。与原任职务没有任何关联的从业行为不属于应受到约束的范畴。党员领导干部离职或者退休后，是具有特殊身份的公民，原则上其从业不应当有与一般公民不同的限制。但是，这些人员依法享有国家给予的工资、福利待遇等，他们原有的职权还会在一定范围内和一定时期内产生影响或者能够发挥作用。在实践中，党员领导干部离职和退（离）休后，利用其在职期间的职权影响和所掌握的公共资源，谋取非法利益的情况并不鲜见，有的甚至比较严重。同时，2000年中央纪律检查委员会第五次全体会议对各级党政机关领导干部提出，县（处）级以上领导干部在离职和退（离）休后三年内，不准接受原任职务管辖的地区和业务范围内的私营企业、外商投资企业和中介机构的聘任，不准个人从事或代理私营企业、外商投资企业从事与原任职务管辖业务相关的经商办企业活动。因此，2010 年修订的《廉政准则》规定："离职或者退休后三年内，不得接受原任职务管辖的地区和业务范围内的民营企业、外商投资企业和中介机构的聘任，或者个人从事与原任职务管辖业务相关的营利性活动。"这主要包括了三个要求：

第一，职务后任职或营利活动的禁止范围。2010 年修订的《廉政准则》从防止利用原任职务的影响损害国有企业的利益、维护国有资产安全的角度出发，将职务后的任职和营利活动限定在一定的范围内。这个范围是"原任职务管辖的地区和业务范围内的民营企业、外商投资企业和中介机构"。同时，还要注意，党员领导干部退休或者离职后接受聘任、从事营利性活动的禁止范围，是"原任职务管辖的地区和业务范围内的民营企业、外商投资企业和中介机构"的，如果党员领导干部退休或者离职后所任职或从事营利性活动的单位，按照法律规定和工商登记性质，不是"民营企业、外商投资企业、中介机构"，则不属于被禁止担任职务、从事营利性活动的范围。

第二，对"从事营利性活动"的限制。营利性活动，是指在限制范围内的企业和单位担任职务、投资入股在内，但包含担任职务、投资入股的任何其他经营活动，比如说代理活动。代理，是指党员领导干部离职或者退休后，接受原任职务管辖的地区和业务范围内的民营企业、外商投资企业和中介机构委托，以代理人的名义从事的营利性活动。

第三，时限问题。2010 年修订的《廉政准则》参照了国际立法上对公职人员职务后从业行为约束的通行做法，将时限确定为"离职或者退休后三年内"，这也与中央纪律委员会第五次全体会议提出的党员领导干部离职和退休后的从业行为规范的时限规定相一致。对于未担任领导班子成员职务的党员领导干部也按照三年的时限进行限制，这与《公务员法》的相关规定不一样，但并不构成与法律的抵触，而是对作为党员的公务员的一种更为严格的要求。党员领导干部离职或者退休三年以后，在法律法规允许的范围内在企业担任职务、投资入股，或者从事其他经营活动，都应当是允许的。

第四，后果比较严重。党员领导干部违反规定的，应当依照现行《纪律处分条例》第103条的规定处理，即"违反有关规定从事营利活动，有下列行为之一，情节较轻的，给予警告或者严重警告处分；情节较重的，给予撤销党内职务或者留党察看处分；情节严重的，给予开除党籍处分：

（一）经商办企业的；

（二）拥有非上市公司（企业）的股份或者证券的；

（三）买卖股票或者进行其他证券投资的；

（四）从事有偿中介活动的；

（五）在国（境）外注册公司或者投资入股的；

（六）有其他违反有关规定从事营利活动的。

利用参与企业重组改制、定向增发、兼并投资、土地使用权出让等决策、审批过程中掌握的信息买卖股票，利用职权或者职务上的影响通过购买信托产品、基金等方式非正常获利的，依照前款规定处理。

违反有关规定在经济组织、社会组织等单位中兼职，或者经批准兼职但获取薪酬、奖金、津贴等额外利益的，依照第一款规定处理。"

以上党内法规对于这个问题有了比较细致的分类和执纪要求。但实践中不同身份的党员、公职人员在这个问题上，还存在认识程度不够，企图权力寻租的问题。司法机关和监察机关对于营利性活动行为范围认定的准确性上，还存在一定的难度，同时《公务员法》《纪律处分条例》等规定还需要更加完备的执行程序。

第二节 "旋转门"规制的反思

党纪国法对于离职问题的规定，由于受到了多方面的影响，其法律规范性不足，也导致其操作性不足。众所周知，但若是权力的行使者不接受制约，则再好的制度也会失色。纵观我国公务员离职"旋转门"调控的发展历程，一个明显的特征是"名硬实软"，缺乏有效硬约束的规制模式，实际上隐含着对离职公务员择业自由的放纵。这种实然价值理念导致鼓励公务员离职下海的地方性政策层出不穷。现实生活中，人们对公务员离职后从业可能引发腐败的认知意识淡漠，多数人不会把利益冲突和权力"旋转门"联系在一起。现实生活中，人们一般只注意和注重任职官员利用现有权力的腐败行为，而常常忽视离职官员的权力腐败行为，觉得离职官员已经脱离了国家公共权力的系统，从权力的运作结构和腐败的渊源来看似乎已经没有了腐败的基础和可能。

一、完善立法建议

当前，全面依法治国和全面从严治党深入推进，重心在于预防和惩治腐败，关键在于依法治权和从严治吏。当前，许多腐败新情况、新问题也开始出现。腐败与各种利益冲突紧密交织，因利益冲突引发的腐败现象屡见不鲜。利益冲突是诱发腐败的基础性根源，面对腐败的积弊新病，必须加强反腐倡廉，推进廉政文化建设，从源头上铲除滋生腐败的土壤。依法治权、依法反腐迫切要求我们重新考量我国公务员离职"旋转门"规制的双重价值结构。依法治权对我国公务员离职"旋转门"规制提出了强化秩序价值的客观要求。这种秩序价值的强化导向已在 2015 年、2018 年、2023 年新修订的《纪律处分条例》中得以体现。规范梳理和实证经验表明，我国公务员离职"旋转门"法律规制体系的双重价值存在不均衡。

依法治权、依法反腐有赖于反腐败制度保障，虽然我国并不缺少公务员离职"旋转门"规范制度，但制度体系自洽性的不足导致制度效力羸弱。为此，我们有必要及时修订公务员离职"旋转门"规范体系。

第一，专门制定防止利益冲突的法律统领公务员离职"旋转门"规范。国际社会反腐实践表明，为防范公务人员利益冲突立法是有效预防腐败的最佳选择。我国现有的立法比较单一，公职人员的利益冲突，防范缺乏系统、严密和完整的法制体系支撑，且专门立法基本属于空白。在目前反腐越来越法治化，利益冲突越来越明显的情况下，不立法，则不破题，不破题，则难解题。专门立法已势在必行，当然，"旋转门"规制只是防范公务员利益冲突立法的重要内容之一，出台专门的相关规定，能够为有效预防和制止利益冲突和规范公职人员离职后行为提供详细的行为准则。

第二，公务员离职"旋转门"党规党纪与国家法律的衔接协调。党的十八大以来，党内法规的修订工作迅速推进，全面从严治党的制度"牢笼"越扎越密。公务员离职"旋转门"的党内制度建设日益完善，如前所述，规制"旋转门"的大量规范体现在党内法规中。基于此，一方面，我们应当以公务员离职"旋转门"党内法规的制定和修改为先导，及时修正完善相关法律法规。另一方面，公务员离职"旋转门"党内法规的修改完善需要遵循比例原则和谦抑性原则〔1〕，防止出现以纪代法，注重与法律法规的协调和衔接。

第三，建立"原则禁止+例外许可"相结合的规制模式。针对公务员离职之后从业行为的限制有三种方式，一种是禁止式，比如美国、加拿大、德国等国家一律禁止公务员离职后的一定时期从事某些特定职业、行为或活动。一种是事前审查许可式的，比如英国、法国等国家由专门的机构对离职公务员的择业行为进行事前审查，根据审查情况做出批准与否的决定。还有一种是"原则禁止+例外许可"的模式，比如日本。目前我国对离职公务员作出了相对统一的竞业禁止规范。这种规范模式虽具有较强的形式公平价值，但忽视了离职公务员个体的实质性差异，具体实践中该规范的实施效果也不甚理想。如果我们完全采用事前审查许可模式，则必然会增加行政成本。这既不符合简政放权的改革导向，也会制造新的权力寻租空间。为此，可以考虑建立"原则禁止+例外许可"相结合的规制体系。未来立法可以通过例外规定的方式，列举若干特殊情形，这些情形经过特定部门的审查允许解除禁止。〔2〕

二、公务员离职"旋转门"制度建议

第一，建立离职公务员从业情况报告制度。根据规制对象的职责内容

---

〔1〕 谦抑性原则，又称必要性原则。指立法机关只有在该规范确属必不可少——没有可以代替刑罚的其他适当方法存在的条件下，才能将某种违反法律秩序的行为设定成犯罪行为。

〔2〕 参见胡大伟：《公务员离职"旋转门"的法律防火墙：价值衡量与规制重塑》，载《探索》2017年第1期。

细化从业限制范围。不同部门公务员承担着不同职责内容，所掌握的公权力影响力大不一样。因此，可以根据公务员离职前的岗位职责内容做出分门别类地细化规定。建议建立离职公务员从业情况报告制度。相关部门以此及时全面地掌握离职公务员的从业信息，进而加强监督，这也是大多数国家的通例。例如，2008年《俄罗斯联邦反腐败法》甚至规定了离职公务员和雇主对公务员离职2年后的从业报告义务。

第二，设立专门的公务员伦理管理机构。行政伦理法制化是现代行政伦理建设和反腐败的潮流和趋势。为防止利益冲突，需要通过法律确立伦理义务的刚性约束，又需防止无限伦理压制行政裁量空间，因此，设立伦理管理机构恰是解决该张力的制度创新，通过专业化组织统筹伦理标准转化，建立处置的正当程序，确保法律化的伦理条款落地。基于我国国家监察体制改革的顺利开展，也期待有类似委员会设置，并配合各级监察委员会，以保证具有相对独立性和中立性。

第三，建立离职公务员从业行为公开机制。信息不公开透明是导致离职公务员"旋转门"社会监督失灵的关键所在。为此，有必要建立公务员离职后去向公开制度，让离职者的行为有迹可循，便于社会监督，进而消弭公众疑问。

第四，建立更加严格的公务员离职"旋转门"处罚机制。为了保证公务员离职后依然保持清廉，防止在从业选择上形成利益冲突，在经济责任方面，我们可以考虑增加离职待遇减损处罚机制。同时为了保障规制效果，实现过罚相当，有必要在经济责任之外，增设刑事责任。针对情节特别严重的公务员离职"旋转门"违法者，实施刑事处罚也是许多发达国家"旋转门"规制的成熟经验。

三、简析《关于规范公务员辞去公职后从业行为的意见》

对于公务员"旋转门"的立法，长期以来是国法和党纪关注的重点。2017年，中央组织部、人力资源和社会保障部、国家工商行政管理总局、国家公务员局联合印发了《关于规范公务员辞去公职后从业行为的意见》，最高人民法院作出了《最高人民法院关于贯彻执行〈关于规范公务员辞去公职后从业行为的意见〉的实施意见》（以下简称《实施意见》）。对此，凸显了落实党中央全面从严治党、从严管理干部精神的需要。同时，也解决了制度缺失的困境，并对于一些问题作出了具体的规定。

第一，从业行为界定进一步明晰。对于公务员辞去公职后的从业行为，是指公务员根据本人意愿提出辞去公职，经批准依法解除公务员身份，到国有企事业单位以外的单位就业或自主创业。其中最高人民法院的《实施意见》进一步指出了，最高人民法院的行政在编人员，根据本人意愿提出辞去公职，经批准依法解除最高人民法院工作人员身份，到国有企事业以外的单位就业或自主创业的行为。从业行为意见对于限制从业期限作了规定。包括了各级机关中原系领导班子成员的公务员以及其他担任县处级以上职务的公务员，辞去公职后3年内，不得接受原任职务管辖地区和业务范围内的企业、中介机构或其他营利性组织的聘任，个人不得从事与原任职务管辖业务直接相关的营利性活动；其他公务员辞去公职后2年内，不得接受与原工作业务直接相关的企业、中介机构或其他营利性组织的聘任，个人不得从事与原工作业务直接相关的营利性活动。这是立法对于公务员离职退休后从业行为进行了更加明确的规定，也是党内法规转换为立法的基本体现。对于哪些从业行为需要禁止，立法要求省级以上具有行政审批、行业监管、执法监督等职能的机关，应当结合实际，逐步建立公务员辞去公职后从业行为限制清单。我们建议采取"原则禁止+例外许可"的模式，让公务员有更多的预期。

第二，明确了检查主体的权限。对于公务员辞去公职后从业行为是否违反上述规定，立法规定了由其原单位认定。这一规定略显缺乏公正，虽然原单位具有检查或认定的便利性，但是受部门利益或人情等影响，其认定结果容易引人质疑，因为其违反了"任何人不能做自己的法官"的基本原则。在缺乏道德委员会等类似中立性机构之前，除了人事或监察机构，没有更为合适的机构从事违反该规定的调查或处理工作。由原单位调查，也仅应当作为认定的初步裁决而已。最终的裁决理应由有权机关来进行。同时，立法要求建立健全辞去公职后从业备案和监督检查制度。经批准同意辞去公职的公务员，由原单位报公务员主管部门备案。公务员主管部门通过专项检查、接受信访举报、了解舆情报道等方式，对各单位落实公务员辞去公职后从业规定情况进行指导和监督检查。对未按照规定审批，或未履行提醒告知、备案、了解核实等职责，导致辞去公职人员违规从业的，对单位给予通报批评，对相关负责人进行提醒、函询和诫勉，视情节轻重给予组织处理或纪律处分。

第三，强化了监督功能。对于公务员申请辞去公职，立法要求其应当如实报告从业去向，签署承诺书，对遵守从业限制规定、保守国家秘密和工作秘密，以及在从业限制期限内主动报告从业变动情况等作出承诺。同时，在从业限制期限内，原单位每年至少与其联系一次，了解和核查从业情况，发现有违反规定的情形，应当及时向公务员主管部门报告。中国共产党中央委员会组织部、人力资源和社会保障部、国家工商行政管理总局、国家公务员局印发的《关于规范公务员辞去公职后从业行为的意见》第6项也明确："公务员辞去公职后有违规从业行为的，由公务员主管部门会同原单位责令其限期解除与接收单位的聘任关系或终止违规经营性活动；逾期不改正的，公务员主管部门要会同有关部门，对其违规从业所得数额进行调查核定，由县级以上工商、市场监管等部门依法没收，责令接收单位将该人员清退，并根据情节轻重，对接收单位处以被处罚人员违规从业所得一倍以上五倍以下罚款。违规从业人员为中共党员的，依照有关党规党纪给予相应处分。对涉嫌犯罪的，移交司法机关依法处理。公务员主管部门会同有关部门将辞去公职人员违规从业行为纳入个人信用记录。接收单位为企业的，工商、市场监管部门将其受行政处罚情况录入企业信用信息系统。"

以上立法较为简单，但其反映了我国全面从严治党、从严治吏的决心，以及依法治理的路径。有关立法对于从业限制范围的认定、辞职前从业行为审批等方面作出了严格细致的规定，同时也作出很多人性化的规定。比如对辞职时报告从业去向、原所在单位谈话提醒、与辞职人员联系了解从业情况、发现违规从业行为后予以惩戒等内容。为强化实施效果，立法规定了从业备案、监督检查等制度，明确了组织人事、纪检监察、原所在部门及辞职人员的主体责任。这对于今后专门的利益冲突立法或者离职后行为立法，具有重要的指引作用。

第七章

惩戒主体与权益保障

第一节 行政惩戒的主体

我国具有发达的文官制度。例如,在清王朝延续的两百多年间,统治者颁布了《钦定六部处分则例》《吏部处分则例》《兵部处分则例》《钦定王公处分则例》等一系列行政惩戒方面的法律法规,"基本涵盖了六部中各类事务,使得清代公务员行政惩戒形成较为严密、完备的法律体系"。[1]现在行政法体系中,一般将行政惩戒称为行政处分。如罗豪才认为"行政处分,是公务员承担违法行政责任的主要形式,是国家行政机关依照行政隶属关系对违法失职的公务员给予的惩戒措施。"[2]

一、行政惩戒的概念与特征

目前学术界对行政惩戒(处分)的理解与定义也是见仁见智,但多数学者将对公务员的行政惩戒看作是一种内部行政行为。但是一方面公务员的范围扩大后,公务员的行为也将是各式各样,违纪违法行为也不会再限于"内部纪律";另一方面排除司法救济对公务员的适用而失之偏颇,因此这样的定义范围过于狭窄。为了更加规范对公务员的管理,准确界定对公务员的惩戒这一行为,结合中西方关于公务员行政惩戒制度的定义,公务员行政惩戒制度应定义为:国家公务员管理机关,对违法失职但免予刑

---

〔1〕 许颖:《清代文官行政处分程序研究》,中国社会科学出版社2011年版,第9页。
〔2〕 罗豪才主编:《行政法学》,中国政法大学出版社1996年版,第64页。

事处罚的公务员，给予一定的惩罚、申诫、救济的一系列法律规范、制度的总称。根据以上定义，行政惩戒具有以下的特征：

第一，惩戒的主体唯一。《公务员法》明确规定我国公务员行政惩戒制度的实施主体是行政机关，对违反纪律但免予刑事处罚的公务员进行惩戒。这是国家以法律形式赋予行政机关的权力，凸显了惩戒执行的规范性和严肃性，也不同于企事业单位对所属员工的处分和法院的司法惩戒。

第二，惩戒的对象特定。公务员行政惩戒的对象首要的是具备公务员身份，是指依法履行公职、纳入国家行政编制、由国家财政负担工资福利的工作人员，而不是一般的普通公民、法人或者其他组织。

第三，惩戒的职能具有双重性。一是为了维护国家稳定，建立精干、高效、廉洁的公务员队伍；二是通过对惩戒救济的完善，保障公务员权益，进一步提升公务员的职业安全感。

第四，惩戒的目的在于教育。社会主义的法治建设和纪律建设应以自觉为前提。国家公务员绝大多数是尽职尽责、奉公守法的，惩戒的目的是"惩前毖后，治病救人"，一般说来，公务员惩戒制度的实施主体是公务员管理机构，对违法违纪但免予刑事处罚的公务员进行惩戒。在我国，拥有对公务员行政惩戒权的国家机关主要有各级人事主管机关与各级监察机关，实行的是人事主管部门的级别管理和监察机关专门监察相结合的模式。

二、惩戒主体

（一）惩戒主体

惩戒主体是指由谁实施惩戒，或者说是根据法定权限对违法违纪的公务员实施惩戒的有权机关或组织。对此，各国体制不同，设立的惩戒主体也不同。例如，法国的惩戒主体是公务员主管机关，同时受纪律委员会的制约；德国的惩戒主体是职务长官及惩戒法院；日本的惩戒主体是任命机关及人事院。对于我国而言，公务员的惩戒机关就是公务员的主管机关和监察机关。

公务员行政惩戒机关名称不同，权力大小和职责分工也不尽相同。主要以两种形式进行管理。一是公务员的主管机关。日本称为"有任命权者"，法国称为"有任命权的机关"，美国称"负有具体人事管理职责的行政业务机构"，简言之，就是直接任命公务员、管理公务员的行政机关。这一机构体系有权提出对公务员的惩戒并负责绝大部分惩戒的执行。这一机构体系对公务员进行日常管理，对其培训、考核，与公务员的联系更为紧密，有权对公务员违纪违法行为进行惩戒。二是专门机构。法国是纪律委员会和对等的行政委员会，日本是人事院，美国是人事管理局、廉政署和公务员委员会。总的来说，这类机构在公务员惩戒程序中有相对的独立性，如美国的人事管理局和廉政署是总统直接领导的联邦政府独立机构。这些机构与公务员的具体主管行政机关级别并行或地位更高，实际上起到了对具体行政主管机关的惩戒权的限制和监督的作用。

另一方面，为避免行政长官滥用惩戒权，损害公务员的基本权利，设立专门机关来监督和限制具体行政机关的权力，这使得在公务员惩戒方面各机构互相制约平衡，德国是惩戒法院，新加坡是公共服务委员会、公共服务署和纪律法庭等等。这些机构承担了除公务员主管机关以外关于公务员行政惩戒的相关职能，如行政惩戒的规定、惩戒方式的选择和适用、惩戒决定的审议与确定，有些甚至也参与到惩戒执行中来。总体来说，专门机构独立于国家行政机构之外，甚至是由国家主要领导直接管理。其独立性又可使惩戒程序在一个更为客观、公正的环境下进行，避免了行政长官和内部办案人员将个人感情和喜好带入惩戒的判断中，使其置于一个更为透明的监督下。所以，双轨制的惩戒机构设置是国外行政惩戒多年经验积累的结果，具有相当的科学性。

（二）我国的惩戒主体

我国的惩戒机关的设立具有比较长的历史，在民国时期，有平政院、文官惩戒委员会等组织予以实施。中华人民共和国成立后，1957年通过的《奖惩暂行规定》，是第一部比较系统地规定国家行政机关人员（即公务员）惩戒内容的法律。它将对行政工作人员的惩戒称为"纪律处分"。

1988 年国务院第 13 号令《国家行政机关工作人员贪污贿赂行政处分暂行规定》，对贪污受贿的行政人员的行政处分的具体适用作出了具体规定。1993 年国务院通过了《国家公务员暂行条例》，该法规关于公务员惩戒部分的规定可以说是 1957 年《奖惩暂行规定》的继承和发展。1997 年由全国人大常委会通过的《中华人民共和国行政监察法》（以下简称《行政监察法》），就行政监察机关对公务员进行惩戒处分时的职责、权限、监察程序等作出了规定。此外，人事部、监察部等部门也针对公务员惩戒责任的具体适用出台了一些解释，如人发〔1996〕82 号《人事部关于国家公务员纪律惩戒问题的通知》等，这些行政解释同样构成了我国公务员惩戒责任的法律渊源。2005 年 4 月全国人大常委会通过了《公务员法》，是我国首部由全国人大常委会通过的关于公务员管理的法律。

与此同时，国务院部委和地方政府也相继出台了一些规范公务员惩戒责任的部门规章、地方性法规、地方性规章和规范性文件，如公安部制定的《公安机关人民警察执法过错责任追究规定》，北京市政府出台的《北京市国家公务员违法行政行为行政处分若干试行规定》等。总体来说，在公务员惩戒责任方面，我国已基本形成以《公务员法》《行政监察法》为主体，包括部门规章、地方性规章和其他规范性文件在内的完整的法律体系。但是，由于我国公务员制度建立时间不长，理论研究尚欠系统深入，使得我国的公务员惩戒主体方面在法律体系的建立与完善方面上还存在诸多问题。

1957 年国务院颁布的《奖惩暂行规定》明确规定，行政处分权由被处分人所在机关或其上级机关行使。我国多年来基本上沿用这种做法。20 世纪 50 年代，监察机关作为履行监察职能的行政机关，是法定享有行政处分权的主体之一，具有对违反政纪的行政工作人员给予记过以下处分的权力。20 世纪 80 年代恢复行政监察体制以来，监察机关权限有所扩大，具有撤职以下行政处分权。1997 年 5 月全国人大通过的《行政监察法》对监察机关权限的规定更为明确，规定对违反行政纪律的，监察机关可以作出所有行政处分种类的监察决定，从而使行政监察机关拥有了全面的行政处分权。此后《监察法》《政务处分法》《公务员法》中关于公务员惩戒的主管机关，实际上，我国具有法定处分权的主体可以分为两类：一是任免机关，二是监察机关。在具体确定公务员惩戒的主管机关时，《公务员法》第57条第2、3款规定，"对公务员监督发现问题的，应当区分不同情况，予以谈话提醒、批评教育、责令检查、诫勉、组织调整、处分。对公务员涉嫌职务违法和职务犯罪的，应当依法移送监察机关处理。"《政务处分法》第3条明确规定监察机关应当按照管理权限，加强对公职人员的监督，依法给予违法的公职人员政务处分。

1. 惩戒主体的角色定位

根据立法，有处分权的机关来进行处分，这里"有处分权"，需要个案分析，因为具体的处分机关是不同的。但总的来说，处分机关主要还是行政机关以及监察机关。这里形成了行政机关和监察机关的权限划分问题，对于监督发现的问题，需要行政机关处分的，则属于行政机关的处分，对于涉嫌职务违法和职务犯罪的，则属于监察机关的处分，形成了一种新的处分行为，政务处分。前者属于惩戒责任，是一种行政法律责任，后者则是具有混合性质的法律责任。

2. 惩戒主体的管辖权问题

一般而言，公务员的惩戒责任的实施主体分为两类，一类是公务员的主管机关，另一类是相对独立的公务员惩戒的专门机构，立法中要明确两者的职权和他们之间的关系，划定各自的管辖范围。否则，在实际中，对于同一个案件，行政机关和监察机关可能都有权管辖，造成两者争相管辖或者互相推诿。对此，《政务处分法》也规定了公职人员任免机关、单位应当按照管理权限，加强对公职人员的教育、管理、监督，依法给予违法的公职人员处分。也就是说，行政处分由任免机关处理，监察机关有监督和提出监察建议的权力。

3. 惩戒责任决定权的划分问题

与我国《公务员法》中概括地、不加区分地规定由某一类机关或两类机关行使所有类型的惩戒责任不同，许多国家采取区别对待的做法。对于比较轻微的惩戒，一般由公务员的主管官员决定并实施，对于处罚力度较大的惩戒才由专门机关决定。建议我国可以结合引起惩戒的原因的轻重程度和具体惩戒种类的严厉程度不同，将惩戒决定权分散到不同主体当中。我国《监察法》《政务处分法》考虑到国家监察体系的变化，实际上已经有重新的定位或配置。

4. 完善内部举报制度

根据日本《人事院规则》的相关规定，为了保护内部告发者，日本已经实施了《公益告发者保护法》，但是实际上由于该法只限定"内部范畴的告发"而没有设置"内部向外部告发"的渠道，这在某种程度上可能导致内部告发者因害怕被组织排斥而抹杀其揭发检举的意愿。为解决这一问题，日本可以尝试探索向"外部"揭发检举的渠道，以加强对内部告发者的保护。我国目前，国家公务员的伦理法制观念比较薄弱。内部的举报制度有基本规定，但缺乏完善的操作细则和保护规定。

二、政务处分

政务处分专指各级监察机关作出的行为，并不包括公务员及其他国家工作人员所在单位的处分行为，也不包括党组织的处分行为。政务处分是针对公职人员的处置方式。《监察法》赋予监察委员会对所有行使公权力的公职人员依法实施监察的权力，也就是说，政务处分作为对公职人员违法的处置方式，其对象是所有行使公权力的公职人员。该种处分行为与行政处分，具有一定的区别，主要包括：

第一，作出决定的主体不同。行政处分由公职人员任免机关或者行政监察机关作出，处分主体具有多样性特征。政务处分仅由各级监察委员会作出，处分主体具有唯一性。虽然行政监察机关和监察委员会都是专司监察职能的机关，但二者存在明显区别，行政监察机关是政府内部工作部门，而监察委员会是与人民政府、法院、检察院平行的国家机关，并不隶属于政府。因此，行政处分是政府内部的一种监督形式，政务处分是一种外部监督形式。

第二，处分的对象不一样。行政处分的对象是国家公务员和国家行政机关任命的其他人员，政务处分的对象包括所有公职人员，政务处分的范围相比行政处分的范围要大得多。从我国推行监察体制改革试点情况看，监察对象数量大量增加，监察对象增多意味着政务处分对象增多。

第三，处分针对行为的性质不一样。行政处分针对违法、违纪行为，甚至还包括违反道德规范的行为。政务处分仅针对公职人员违法行为，甚至是公职人员部分违法行为，主要是贪腐行为，政务处分并不针对公职人员违纪及其他违法行为。

第四，处分的性质不一样。行政法学通常依据相对人的身份把行政行为分为内部行政行为与外部行政行为。内部行政行为是行政主体基于行政隶属关系针对内部相对人而实施的行为，外部行政行为是行政主体基于行政管辖关系针对外部相对人而实施的行政行为。行政处分是公务员基于与所在单位的行政隶属关系而受到的制裁，被认为是内部行政行为。政务处分同属内部行为，但与内部行政行为不同，它是由监察委员会作出，因公职人员与监察委员会之间并不存在隶属关系，而实际是一种监察管辖关系。

公职人员中相当一部分是行政处分的对象，如行政机关工作人员和行政机关任命的人员，这部分人实施违法行为后，将面临行政处分和政务处分双重处分，此时，政务处分与行政处分有密切联系。对于此类人员，同时实施行政处分和政务处分违反一行为不再罚原则，应选择适用一种制裁措施。

公职人员违反单位纪律，侵害单位管理秩序，应适用行政处分。公职人员违反法律、法规及规章，应以违法行为侵犯社会关系的类型不同而选择采用行政处分和政务处分。违法行为侵害本单位管理秩序，或者给本单位声誉带来损害的，应适用行政处分措施；违法行为侵害社会公益及法律秩序的，应适用政务处分措施。当然，侵害单位管理秩序也会带来公益受损或者法律秩序被破坏，危害社会公益及法律秩序也会带来单位利益受损，如公职人员贪污行为既损害法律秩序，也危害单位管理秩序。区别行政处分与政务处分的关键是看其直接侵害的社会关系是什么。

第二节　公务员的基本权利保护

公务员权利，是国家法律对公务员在履行职责，行使国家行政权力，执行国家公务的过程中，赋予其可以做出某种行为，或要求他人做出某种行为或抑制某种行为的许可和保障。[1]各国公务员法都有对于公务员权利的规定，例如，日本《国家公务员法》规定，除非法律或人事院规则所定事由外，对公务员不得违反其意愿强行降职、休职和免职等。规定公务员权利的根本目的是让公务员获得与岗位职责相应的待遇，更重要的则是保障他们有效行使职权，履行职责，正常执行公务。

一、公务员权利的特征

一般理论上，公务员的权利具有以下特征：

（一）公务员的权利与其义务的一致性

公务员的权利与义务是辩证的统一体。在一般情况下，公务员的权利和义务同时产生，同时在行为过程中发生作用。没有权利就无所谓义务；相应地，没有义务也就无所谓权利，权利和义务的关系是相对的。一旦公务员与国家之间产生了行政职务关系，即受国家委托，代表国家和政府行使行政职权，执行国家公务时，就毫无例外地享受国家法律赋予的各项权利；同时，又承担法律规定的义务。无论就公务员个人，还是整个公务员系统而言，其权利和义务始终存在，构成不可分割的统一体。法律强调公务员权利、义务的统一性和不可分割性的目的在于，借助于合法的权利保障和义务约束的有效结合，充分发挥公务员系统管理国家和社会事务的作用。一方面，通过公务员身份和法律地位等必要的权利保障，确保公务员队伍的稳定性和持续性，为公务员系统的一切活动奠定基础；另一方面，

---

〔1〕参见张春生、蔡定剑：《公务员法与公务员管理实务全书（一）》，中央文献出版社 2005 年版，第 5 页。

通过对公务员职责和纪律的规定和要求，确保公务员应有的管理功能和效能得以实现，并为公务员的一切活动提供基本的规范和方法。因此，权利和义务的统一是巩固公务员系统的内在机制，保证它按照自身的规律，正常和高效地运行。

（二）公务员权利的层次性

公务员的权利包含两个层次：其一，公务员享有宪法规定的公民的基本权利。公务员首先是本国的公民，这是他成为公务员的先决条件。一个具有公民身份的人，通过法定的途径和程序进入公务员队伍后，他原有的公民身份并未丧失，仍享有宪法规定的公民的基本权利。其二，公务员还享有《公务员法》所规定的权利。作为公务员，国家和社会基于其特定的身份和地位，赋予其一定的职权。因此，公务员既是公民，又不能等同于一般公民，而是担任行政职务的公民，他们与国家之间产生了一种特定的关系，即行政职务关系，他们必须遵守法律、法规和规章，其行为必须符合《公务员法》对其权利和义务的规定。

公务员基于《宪法》上规定的权利和《公务员法》所规定的权利、义务基本上是协调一致的，但在某些具体条文的规定上，又表现出不协调性，甚至相互冲突。因为《公务员法》根据公务员的特殊身份和地位，不能不有限度地限制公务员的《宪法》所规定的基本权利。也就是说，要求公务员主要以第二层次的权利、义务即《公务员法》所规定的权利、义务作为行为准则，而相对放弃一部分宪法赋予的，与公务员职责有冲突的权利和义务，以保证公务员系统的正常运行。在这个问题上，各国公务员法的立法和实践，都存在着很大的争议。但在某种程度上，对公务员宪法权利的限制，为公务员特定身份所必需。例如，现代各国宪法一般都承认公民享有言论、集会、结社、游行、示威、罢工等权利，但是大部分国家的公务员法限制或禁止公务员享有游行、示威、罢工等权利，因为这些权利的享有与公务员作为国家行政机关"代表人"的身份和负有的"执行公务"的职责是相背离的。

（三）公务员权利的平等性

公务员权利的平等性，是指公务员享有的权利不能因人而异。这正如公民在法律面前一律平等的宪法原则一样，所有公务员在法律规定的权利面前也一律平等。《公务员法》所规定的公务员权利是面向全体公务员的，它把所有公务员作为法律调整的对象。任何公务员，无论民族、性别、家庭出身、资历、职位、社会地位及社会关系有多大差异，都一律平等地享受法定的权利，同时平等地承担国家和社会赋予的义务。任何公务员不能凭借其职位、权力、资历或社会背景等优越条件享受法律以外的某种特权和殊荣，或者歧视其他公务员。平等原则为以功绩为核心原则的公务员制度奠定了基础，为公务员管理的法治化提供了保证。

二、公务员权利的基本内容

各国对于公务员的权利规定不一，但其基本内容有其相似之处。大多规定了主要包括考试权、平等求职权等基本权利和政治权利，政治权利包括言论自由和申诉权。我国《公务员法》第 15 条通过列举的方式，主要规定了公务员获得履行职责应当具有的工作条件；非因法定事由、非经法定程序，不被免职、降职、辞退或者处分；获得工资报酬，享受福利、保险待遇；参加培训；对机关工作和领导人员提出批评和建议；提出申诉和控告；申请辞职等八项权利。

（一）工作条件保障权

我国《公务员法》第 15 条规定："公务员享有下列权利：（一）获得履行职责应当具有的工作条件；……"这是公务员进行工作的基本条件、必需条件。它不但包括常设的工作地点、办公用品、办公设施等保障，还包括临时的工作防护、通勤设备、器械等保障；公务员很难或不可能自己创造出工作条件，尤其是其对外履行职责、行使执法权时。工作条件是一个宽泛的概念，但我们应当以能够满足执行职务为限。对于超出履行职责需要配备成本较高的公务设施和设备，目前党内法规有明确的限制和规定。

（二）身份保障权

"非因法定事由、非经法定程序，不得被免职、降职、辞退或者处分"

的权利，这是通行各国的一项基本制度。在我国，公务员身份的保障仅限于公务员个人。公务员身份的保障权必须在符合法律明文规定的情况下国家机关始得对公务员的身份做出不利行政处理。此种明文规定必须包含两个层面：一是必须符合法定条件（事由），除明确列举的事由以外机关不得随意创设处分事由和标准，公务员被行政处分或人事处理的法定事由主要规定在《公务员法》第九章的监督与惩戒和第十三章的辞职与辞退中；二是必须经法定程序，法定程序指法律、行政法规规定的对上述人事处理、行政处分所必须履行的步骤、方式、时间要求等，也要求必须在程序上满足条件方具有合法的处理效果。

（三）身份处分权

"申请辞职"的权利。也就是"公务员由于主客观原因不愿意继续担任公职时国家允许公务员申请辞职、退休等，赋予其自由处置身份的权利"。但是由于国家行政连续、统一的需要，通常会在程序上做出一定的限制。例如，我国公务员过去是"能进不能出""能上不能下"的状况，现在正逐渐改变，不仅"能上能下"，而且"能进能出"。

（四）获得教育培训权

"参加培训、获得知识技能"的权利。这既是公务员的权利也是义务。国家建立专门的公务员培训制度，显示国家对公务员知识技能和工作能力的高度重视。服务型政府中的公务员面向群众所需要的知识、技术储备更多，高效、合格地完成任务必然要求相应的培训。从公务员的角度来看，参加培训可以期待获得更高的技能水平和更好的工作成绩，从而在定期考核中能够获得优秀评价进而获得职位晋升和工资上调。因此，多数公务员尤其是新入职人员对这一权利还是非常重视的，对这一权利的法律保障也就显得十分必要。

（五）批评权、建议权

"对机关工作和领导人员提出批评和建议"的权利，权利依据是《宪法》第41条，此项权利实际属于公民权。将这种公民权又在《公务员法》中特别加以规定的原因在于，一是公务员作为机关内部成员能够发现机关内部存在的问题，这种发现具有很强的标靶性和内部性，并且公务员对发现的问题都是经过理性思考和辨识的；二是批评、建议权是一种泛用权利，平等适用于上级和下级之间，能够最大地消除下级对上级存在的畏惧感从而使下级也能够充分、真实地表达自己的批评和建议意见，强化公务员对机关的监督作用，鼓励公务员对机关、上级提出建议，从而改善政府的行政管理和作风等。

（六）工资、福利、保险等劳动权益

"获得工资报酬，享受福利、保险待遇"的权利。无论是一般劳动者，还是公务员"受雇"相应组织所要求的最基本权利。具体而言，公务员劳动权包含两个部分，一是劳动报酬权，一般劳动报酬是由国家行政机关单方确定的，二是福利保障权。福利、保险等实际上是对工资薪酬的补充。我国公务员对福利、保险方面的规定是概括性规定，集中于《公务员法》第 80 条，由于职级职务差异、地区经济水平差异等，会存在法定的差异性。

（七）申诉权和控告权

"提出申诉和控告"的权利。法律上设计针对不当处分公务员权益的防御机制，是公务员权利发展的一大进步。我国对申诉控告的规定主要集中在《公务员申诉规定》中，主要是通过内部救济的手段进行的。

我国公务员所享有的权利相比之下是较少的，故而，应当增设公务员的权利项目，以保证公务员正常履职。《公务员法》中已经对公务员的各项权利进行了明确，但其中只包括福利待遇、培训教育、休假等权利，其他权利规定的并不明确。首先，我国公务员的公民基本权利没有明确的规定，公务员应与百姓一样，享有言论自由、出版自由、结社自由等基本权利，应打破现有束缚，放松对公务员的权利限制。其次，我国应当保障公务员的拒绝权，明确拒绝的范围及内容，并建立拒绝反馈机制，我国现行法律中，规定了公务员有拒绝的权利，但拒绝的前提是"明显违法"，而法律中并没有强调何种行为属于"明显违法"的内容，并且未明确公务员在拒绝后应当如何做。再次，我国应当明确公务员享有救济的权利。公务员权利寻求救济的方法再多，法律中不承认权利合法也是无用的。故而，在立法上，应当将寻求救济规定为公务员的基本权利，这将使公务员的权利内容得以健全，同时能够形成完整的公务员权利救济体系，使我国的公务员制度更趋于完善。

三、惩戒与权利的保护

孙国华教授认为，"权利是最能把法与现实生活联系起来的范畴，权利是在一定的社会生活条件下人们行为的可能性，是人的自主性、独立性的表现，是人们行为的自由，权利是国家创造规范的客观界限，是国家创造规范时进行分配的客体。法的真谛在于对权利的认可和保护。"[1]对于公务员权利的保护应是公务员立法的核心，行政权以公务员为行为载体，与其他法律主体在互动中形成制度的作用形态和价值目标。

（一）要实现公务员基本权利的保障和惩戒的平衡

公务员首先是公民，然后才是公务员。公民是其第一身份，因而公民权也是第一位的。若失去了公民权，或者限制太多，则国家的政治生活即行政权的运作，就失去了活力。公务员因契约，又与国家发生了关系，其公民权受到一定的限制。当然对此关系，学说有多种。例如有服务关系、主仆关系、代理关系、雇佣关系、委托关系、代表关系等等。同时，公务员对其特殊权利的规定，保障其履行职责。对于权利而言，体现的则是宪法关系，公民与国家的宪法关系，公务员的公民权与特殊权利的宪法关系。这一关系则进一步说明了，对于公务员的惩戒比较具有合法性和正当性。若惩戒对于公务员的权利侵害过广，过深，则损害的是国家的行政的积极性，也影响到公务员的权利。

（二）惩戒必须以权利为中心展开

各国宪法都规定，公民是公务员的先决条件，并且各国宪法中又不同程度地规定着公民参与管理国家事务、社会事务、公共事务的政治权利。

---

[1]　孙国华：《法的真谛在于对权利的认可和保护》，载《时代评论》1988 年创刊号。

据此，公务员的权利源于公民权利，却又表现出一定的差异性，因此惩戒必须以权利为中心展开。公务员因其主体特殊性，各国公务员法对其权利的规定既具有高度相似性，也具有差异性。这主要是为了保障行政权运行。除了因行政权运行所产生的特殊权利外，公务员的一般权利还有平等权、政治权利和自由、部分社会经济权利、文化教育权利、救济权、人身权，等等。目前，我国《公务员法》对于公务员权利的规范，还不具有科学完善的权利体系。因此，必须认识把握权利的内涵与外延，使其形成的机制和机理符合权利本身的内在规定性和外在表现。这样才能构建成熟、完整的权利体系。其权利机制必须限于正确行使行政权，依法执行公务的目的。

（三）权利保障与救济的保障

"没有救济，就没有权利"。有权利就必须有救济，否则权利难以实现和保障。权利救济在程序上可以表现为各种权利，如告知、抗辩、申诉、控告等。对此，各国宪法及公务员法规定不一。有的明确规定了救济权，有的则以申诉权和控告权明确规定。显然，不同的规定对于权利保护的程度和范围是不同的。同时，由于公务员的多重身份（法律资格），其救济也表现出本身独有的特点。它与公民权利救济相比较，其法律调整的范围广（大于公民的调整范围）。因此，我们认为其不仅有外部救济，而且应有内部救济，即公民权利的救济一般有宪法救济、行政救济、民事救济、刑事救济，而公务员权利的救济不应仅限于此（一些国家没有），而且应有内部救济（行政系统内的申诉和控告）。然而，一个关键的问题是：什么情况下适用公民权利救济？什么情况下适用公务员的权利救济？两者有无竞合的情况？[1]

---

〔1〕 参见姬亚平、李建科：《行政公务员权利与救济的行政法哲学》，载《山东科技大学学报（社会科学版）》2010 年第 2 期。

第八章

行政惩戒的类型及程序

第一节　各国行政惩戒的类型及程序概述

行政惩戒，是利用强制性手段对于公职人员最直接、最有效的制约和惩罚，以惩戒公务员的违纪违法行为。当然这也是各国公务员法或惩戒法规定的重点内容之一。例如，法国 1983 年出台的《国家和地方公务员一般地位法》第 29 条规定："公务员在公务执行中或和公务执行有关的情况中所犯任何违法行为，应受纪律制裁。"日本《国家公务员法》《地方公务员法》也规定公职人员违反该法或该法命令时、违反了职务上的义务或玩忽职守时、作出与全体国民的服务者不相称的不良行为时，作为惩戒，可作出免职、停职、减薪或警告的处分。德国《联邦惩戒条例》第 17 条第 1 款规定："如果有足够的事实根据证明公务员存在犯服务过错的嫌疑，则上司有启动惩戒程序的义务。"美国 1978 年《公务员制度改革法案》规定，行政惩戒的形式有申斥、警告、调职、记过、停算年资、考绩扣分、扣薪、停升、停薪、降级和免职。英国行政惩戒的形式有申诫、调降级、停职、提前退休和解职等等。

一、惩戒的类型

惩戒的类型是指对公务员实施惩戒时适用的种类或方式。对于公务员惩戒必须遵守法定的原则，必须遵守比例的原则等，以保障被惩戒者的合法权益免受不当惩戒的侵害。所以各国的公务员立法对于惩戒类型的规定，也不尽相同，基本情况如下：

（一）法国

根据法国 1984 年通过的《法国国家公务员章程》第 63 条和《地方公务员地位法》第 89 条的规定，公务员的纪律处分的惩戒分为四类：

第一类：警告和申诫；

第二类：从晋升人员名单中取消其晋升资格、降级、不超过 15 天的临时解除职务、调职；

第三类：降职、临时解除职务 3 个月至两年；

第四类：强制退休和撤职。

此外，法律还规定了这些惩戒处分的具体适用方法。只有警告不记入个人档案，其他处分都记入档案。如果公务员在受到申诫处分后在三年内没有受到任何处分，那么该申诫处分可以自动从档案中撤除。从晋升人员名单中取消其晋升资格的处分可以单独适用，也可以作为第二类处分和第三类处分的附加处分适用。临时解除职务处分中，在临时解除职务期间，被处分人不能领取报酬，但可采用缓期执行的方法。在缓期执行的五年期内，如果公务员没有受到第二类和第三类的处分，原有的临时解除职务处分便不再执行。

（二）日本

日本《国家公务员法》第 82 条规定，对于违反《国家公务员法》或基于该法律的命令时；违反职务上的义务或玩忽职守时；有不符合作为全体国民服务者的不正当行为时，可进行惩戒。惩戒处分有免职、停职、降薪和警告四种：

第一类：免职。就是强行免除公务员职务，最主要的表现形式有两种：第一种是根据日本《国家公务员法》第 38 条第 3 项，受到惩戒免职的处分，从处分之日起两年内不得担任官职；第二种是根据《国家公务员等互助会法》第 97 条第 1 项，国家公务员互助会的会员受到惩戒免职处分时，不得支付其长期给付的全部或部分工资。

第二类：停职。是指停止一日以上一年以下期间的职务。根据日本《国家公务员法》第 83 条，停职者在停职期间保有作为公务员的身份，但不任职，而且原则上不得领取报酬。

第三类：降薪。降薪期间一般为一年以下，从报酬中扣减相当于月工资额五分之一的金额。

第四类：警告。是确认公务员违反日本《国家公务员法》第82条规定的责任，并诫其将来能更谨慎地处分。

在实践中，行政长官还经常采取训告、训诫、严重注意、注意等处分，但是这些措施并不属于惩戒处分，不具有制裁性质，也不能带来任何法律效果，通常被视为行政长官根据监督权采取的措施，是行政长官基于秩序的维持和公务员的利益两方面的考量而采取的措施。

（三）美国

根据美国联邦政府的规定，公务员如有下列行为，将受到惩戒处分：不遵守服务规程；有不道德的行为；虐待看管囚犯；破坏吏治法规；不服从长官指挥或违抗命令；嗜酒滋事；久染疾病；有欺骗行为；办事不力；唆使议员为非法之行为；从事有失公务员身份的事项；侵吞或破坏公共财产；不偿还债务；收受贿赂；用政治手腕谋求晋级或升迁；无故缺席或不出勤；参加政党募捐宣传活动等。行政惩戒主要包括以下几种：

第一类：警告和申诫。这是最轻的行政惩戒，主要表现为对公务员违法行为的谴责。

第二类：调离岗位或降级。调离岗位是指将公务员调至较差的地区或环境工作，或者
调至比较不重要的岗位工作。降级是指降低公务员的级别和工资。

第三类：记过。即将公务员所犯过错记入人事档案资料，以影响公务员的晋升。

第四类：停职。一般为公务员有不良行为时，暂时停止其职务而采取的处分措施。

停职期间通常以30日为限，期间公务员不能领取薪金。

第五类：降职。即下调至较低职级的职务。

第六类：免职。免职是所有行政惩戒中最严厉的处分措施，被免职的

公务员在一定期间内不得在任何机关任职，有的甚至终身不能出任公职。

此外，行政惩戒的方式还包括扣薪、减薪等。

上文简要介绍三个国家之情况，各国公务员惩戒形式虽不尽相同，但也表现出一些共性。首先，这些惩戒都具有类型化的特征。基本包括了声誉罚和身份罚等的类型：如，名誉罚有警告、申诫；身份罚如降级、降职等；财产罚如降薪、减薪等。其次，这些惩戒都具有层次性。这些惩戒大都从轻到重按程度排列，并逐渐增强：警告、申诫，是最轻微的惩戒，免职、开除、强制退休、撤职，是最严厉的惩戒，中间还有其他惩戒，如不同数额的罚款、减薪，不同时间的停职，以及不同程度的降级、降职或调职等，它们一起构成了足以涵盖各种程度公务员违法违纪行为的完整惩戒体系。再次，这些惩戒都具有可实施性。有些惩戒形式既可单独实施，也可一并执行。如法国的从晋升表中除名的处分，既可以作为独立的纪律处分手段，也可以作为附加处分手段，和降级、降职等处分合并执行。

二、惩戒的程序概述

程序是实体的保证，在对于公务员的保障中，程序显得尤为重要，因为内部的处分，缺乏有效的外部制约，若再没有程序的控制，则容易将惩戒变为长官意志，或出现打击报复、以公报私的行为。为此，对公务员实施行政惩戒时应遵守法定的程序，这既是依法行政的要求，也是保障公务员权利的客观需要，有利于公务员履行职责，并应承担相应的义务。程序则必然要求时间、步骤等规制，行政惩戒中，必须遵守正当的法律程序，有关机关严格按照法定程序行使惩戒权。

（一）法国

1. 有处分权限的机关

在法国，对公务员有任命权的行政机关长官具有纪律处分权力，只有少数公务员享有法律给予的特殊保护，如中学、大学教师和法官，纪律处分由纪律委员会决定，行政机关长官必须接受纪律委员会的决定。

2．交阅档案材料

行政机关长官在对公务员作出行政纪律处分决定之前，必须把有关的档案材料提供给当事公务员查阅，以便其作出答辩。在法国，交阅档案材料是一个历史悠久、适用范围很广的规则。根据这一规则，行政机关必须在作出处分决定之前的合理时间内，主动或在公务员请求时向其交阅档案材料，以便公务员有时间作出答辩。行政机关违背交阅档案材料的规定作出的纪律处分，属程序上违法，行政法院可将其撤销。

3．咨询纪律委员会的意见

法国1983年《国家和地方公务员一般地位法》第19条，1984年《国家公务员地位法》第67条和《地方公务员地位法》第89条都规定，对公务员的纪律处分，除了第一类惩戒手段的警告和申诫以外，其他各类惩戒手段都必须经过纪律委员会的讨论和建议才能宣告。

法国的纪律委员会通常由对等委员会组成，纪律委员会中不能包括地位低于受处分公务员的成员，但至少包括一名地位和受处分公务员相等的成员。根据规定，和纪律处分案件有关的人员不能参加纪律委员会，受处分的公务员有权要求纪律委员会中的某一成员回避。行政机关长官咨询纪律委员会的程序是，由行政机关向纪律委员会提出报告，指出公务员的违法事实，说明理由，提出证据和拟给予的处分。被处分的公务员可以提出答辩意见，也可以委托律师出席。纪律委员会在听取双方陈述后认为必要时可以进行调查，并一般以决议的形式表达对纪律处分的意见。对于一般公务员的纪律处分，纪律委员会只有建议权，由行政机关长官决定是否采纳。不过，在通常情况下，行政机关长官会采纳纪律委员会的建议。

4．说明理由和公开发表

法国1983年《国家和地方公务员一般地位法》第19条规定，除轻微处罚（如警告、申诫外），所有涉及公务员纪律处分必须经过纪律委员会讨论和建议，纪律委员会需对指控事实、证据及适用法律充分审议，并在报告中明确说明惩戒建议的理由。

（二）日本

日本《国家公务员法》第84条规定："有处分权者为：（1）有任命权

者；（2）人事院经本法规定的调查后，有权处分。"其中人事院设在内阁之下。法律对于有任命权者对公务员进行惩戒的手续和程序并无规定，但这并不意味着有任命权者就可以任意进行处分。有任命权者在进行处分时，应该考虑符合惩戒事由的行为与外部表现形态、行为的原因、动机、状况、结果等因素，还必须考虑该职员在实施行为前后的态度、惩戒处分等处分史、社会环境、所选择的处分对其他职员以及社会的影响等各种情况，否则，处分可能会被法院撤销。

日本人事院有权对公务员进行惩戒处分，但必须经过法律规定的调查手续方可进行。日本《国家公务员法》第89条规定："对于公务员进行违反其意志的减薪、降职、停职、免职及其他明显不利的处分或惩戒处分时，处分者在进行处分时必须向公务员发给载有处分事由的说明书"，并且"说明书应当记载公务员有权向人事院提出异议及提出异议的期限"。公务员在受到上述处分时，可以要求发给说明书。当被处分的公务员认为处分不符合事实或者处分不当时，可以要求人事院进行"公平审查"，人事院在接到这种请求后，即组织"公平委员会"，调查、审理并裁决该处分是否正当。审理可根据受处分者的要求公开进行。在审理过程中，受处分者和处分者都有权出席全部审理会议，有权陈述自己的理由和意见，有权让证人和辩护人出席作证或辩护，提供证据。人事院经过调查审理后，认为处分不当时，有权取消处分，其裁决是行政处分的最终裁决。

（三）美国

美国关于公务员服务性质的义务规范一般是由公共人事管理机关制定的，而关于政治性质和法律性质的义务规范则是由国会制定的。公务员违反服务纪律就构成失职行为，而违反政治义务和法律义务就构成违法行为。公务员违法违纪，不论是失职行为还是违法行为都要追究其行政责任。公务员若违反《刑法》条款，则必须先暂停其职务（即停职，属于一种身份惩戒，不属于纪律惩戒形式），依照普通诉讼法程序办理。在1883年通过《公务员法》之后，由美国总统和国会长期共同领导公务员管理机构，其中有权就公务员惩戒事宜制定规章的机构为总统直接领导的联邦政府独立机构——人事管理局和廉政署。它们有权对公务员遵纪守法的情况进行监督并提出警告；总统还有权根据参议院提议任命三人公务员委员会，该委员会有权规定公务员的惩戒程序等。真正对公务员进行具体惩戒的是负有具体人事管理职责的各行政业务机构。

行政惩戒权为各行政机关首长所拥有，但不像英国，美国行政首长的惩戒权受到一定程度的限制。对于较轻的行政惩戒，如申诫、警告和调职，行政首长拥有直接的惩戒权。比较正式的记过以上的惩戒，由直接主管提交本机关的公务员惩戒委员会[1]处理。惩戒委员会调查审理后提出惩戒建议，由行政首长作出惩戒决定。在启动惩戒程序之前，行政机关有义务以书面形式通知被惩戒人，讲明其受惩戒的原因、事实和法律依据，并允许其进行申辩。对于扣薪以上较重的行政惩戒决定，公务员不服的，可以依次向功绩制保护委员会和联邦上诉法院提出申诉和诉讼。另外，功绩制保护委员会也可以根据特别律师的检举直接追究违法违纪公务员的行政责任，作出行政惩戒决定。

第二节　我国的行政惩戒类型与程序

我国《公务员法》规定公务员因违法违纪应当承担纪律责任的，应严格按照法律规定予以惩戒。但是违纪行为情节轻微，或者经批评教育后改正的，可以免予处罚。我国的行政惩戒，也一般称为处分。

一、行政惩戒的类型

根据公务员法，我国的行政惩戒主要分为警告、记过、记大过、降级、撤职、开除六种形式。前三种属于声誉惩戒，后三种属于实质惩戒。

立法规定了惩戒的事由，包括了违法违纪的法定事由：（1）散布有损宪法权威、中国共产党和国家声誉的言论，组织或者参加旨在反对宪法、

---

〔1〕　行政部门的惩戒委员会由本部门的高级公务员和公务员代表组成，是惩戒建议性机关。

中国共产党领导和国家的集会、游行、示威等活动；（2）组织或者参加非法组织，组织或者参加罢工；（3）挑拨、破坏民族关系，参加民族分裂活动或者组织、利用宗教活动破坏民族团结和社会稳定；（4）不担当，不作为，玩忽职守，贻误工作；（5）拒绝执行上级依法作出的决定和命令；（6）对批评、申诉、控告、检举进行压制或者打击报复；（7）弄虚作假，误导、欺骗领导和公众；（8）贪污贿赂，利用职务之便为自己或者他人谋取私利；（9）违反财经纪律，浪费国家资财；（10）滥用职权，侵害公民、法人或者其他组织的合法权益；（11）泄露国家秘密或者工作秘密；（12）在对外交往中损害国家荣誉和利益；（13）参与或者支持色情、吸毒、赌博、迷信等活动；（14）违反职业道德、社会公德和家庭美德；（15）违反有关规定参与禁止的网络传播行为或者网络活动；（16）违反有关规定从事或者参与营利性活动，在企业或者其他营利性组织中兼任职务；（17）旷工或者因公外出、请假期满无正当理由逾期不归；（18）违纪违法的其他行为。

针对以上惩戒的类型，立法对于一些惩戒的要求，规定在其他相关条款中，尤其对于一些身份惩戒的行为，包括降职、休职性免职（意思是"免去职务但保留身份"）和辞退三种。《公务员法》规定，降职的法定事由只有一项，即公务员在定期考核中被确定为不称职的。停职性免职的法定事由有两项：（1）离职学习期限超过一年的；（2）因健康原因不能坚持正常工作一年以上的。辞退是最严厉的一种身份惩戒形式，其法定事由为：（1）在年度考核中，连续两年被确定为不称职的；（2）不胜任现职工作，又不接受其他安排的；（3）因所在机关调整、撤销、合并或者缩减编制员额需要调整工作，本人拒绝合理安排的；（4）不履行公务员义务，不遵守公务员纪律，经教育仍无转变，不适合继续在机关工作，又不宜给予开除处分的；（5）旷工或者因公外出、请假期满无正当理由逾期不归连续超过十五天，或者一年内累计超过三十天的。

二、惩戒的程序

行政惩戒的实施程序，我国还是比较重视的。早在1957年《奖惩暂行规定》就规定了："国家行政机关处分任何工作人员，应该对其所犯错误的事实认真进行调查对证，并且经过一定会议讨论，作出书面结论。在讨论的时候，除了特殊情形以外，应该通知受处分人出席申述意见。纪律处分经决定或者批准生效后，应该书面通知受处分人，并且记入本人档案。国家行政机关工作人员犯了严重的错误，在处分没有决定或者批准以前，不宜担任现任职务的，上级机关或者本机关可以先行停止其职务。"这一规定中涉及了调查、对证、会议讨论、受处分人申述意见、作出结论等内容，表明我国很早就在立法中注意到了行政处分程序的问题。

在 1993 年《国家公务员暂行条例》中，对行政惩戒程序的规定是："处分国家公务员，必须依照法定程序，在规定的时限内做出处理决定。"《公务员法》中关于行政惩戒的规定也很简单，在第 63 条第 3 款规定："处分决定机关认为对公务员应当给予处分的，应当在规定的期限内，按照管理权限和规定的程序作出处分决定。处分决定应当以书面形式通知公务员本人。"虽然在其他的条文中还提到把行政处分的决定通知受处分人的问题以及解除行政处分等问题，但由于规定过于原则，实施过程中很难有具体程序可供依照。可以认为，中国坚持任免权与惩戒权相一致原则。任免机关首长拥有完全的惩戒权。行政惩戒的基本程序为：

（一）初查。行政机关发现或受理检举的公务员有违法失职行为时，首先应进行处分的核实；

（二）立案。行政机关发现或受理被检举的公务员有违法失职行为并经初查后，按规定权限履行立案手续；

（三）调查。指定有关人员进行调查，将调查认定的事实及拟给予惩戒的依据告知公务员本人，公务员有权进行陈述和申辩；

（四）审理。即通过书面审理或正式的庭审审理，对事实进行认定，对证据进行质证，并形成完整且最终的定性结论。

（五）决定。任免机关集体讨论（非表决）作出惩戒决定，讨论出现分歧时，任免机关首长有最终决定权；惩戒决定以书面形式通知公务员本人，并告知有申诉的权利。

此外，身份惩戒程序相对简单：行政机关根据事实提出降职、免职或辞退报告，任免机关首长批准即可。不服惩戒决定的，可以向原处理机关申请复核，也可以向同级政府人事部门提出申诉。其中，对行政惩戒决定不服的，也可以向监察机关提出申诉。[1]

根据《政务处分法》第四章的政务处分程序，监察机关行使监察权，对违法行为进行政务处分，其中也包括了大量的违反工作纪律、生活纪律等要求的规范。例如，第39条明确指出了滥用职权，危害国家利益、社会公共利益或者侵害公民、法人、其他组织合法权益的；不履行或者不正确履行职责，玩忽职守，贻误工作的；工作中有形式主义、官僚主义行为的；工作中有弄虚作假，误导、欺骗行为的；泄露国家秘密、工作秘密，或者泄露因履行职责掌握的商业秘密、个人隐私的。调查终结后，监察机关应当根据下列不同情况，分别作出处理。《监察法》的实施，则对于相应的权力进行了变化。主要是赋予了监察机关直接给予公务员惩戒的权力，即政务处分。根据《政务处分法》第50条规定，监察机关对经各级人民代表大会、县级以上各级人民代表大会常务委员会选举或者决定任命的公职人员予以撤职、开除的，应当先依法罢免、撤销或者免去其职务，再依法作出政务处分决定。与此类似，政协及其常委会也应先免去其选举或者任命的公职人员职务，再由监察机关依法作出处分决定，上述处分前置程序的特别规定只存在于政务处分中。

综上所述，我国的行政惩戒权主要由行政机关、监察机关行使。某种程度上，我国的行政首长可以对所辖公务员直接处以任何种类的惩戒，在作出惩戒决定的时候不受其他人员或机构的限制，当然也会缺乏后续程序的限制。特别是我国的惩戒决定，因其是内部行政行为，无法提起行政诉讼，即无法接受司法审查。这就使得惩戒的限制进一步降低，同样，对于公务员权利的侵害风险则会加大。

---

〔1〕 参见刘俊生：《公务员惩戒权设定：五国经验及其解释》，载《南京社会科学》2007年第5期。

三、私行为惩戒程序需要注意的问题

我国公务员行政惩戒制度的程序，包括国外的惩戒程序，都各有分类。但都并未单独对于公务员的私行为，进行单独的程序设置。因为私行为只是惩戒事由的一个小分支，只要违反法定事由，则按照现行的惩戒程序运行。这个问题，主要体现在以下方面：

（一）惩戒程序

我国的惩戒程序是：初查、立案、调查取证、案件审理并作出惩戒决定。与其他国家有所不同。例如，德国的程序分为非正式的和正式的两种，非正式惩戒程序包括程序前之调查、惩戒处分、惩戒处分之救济三种，正式惩戒程序包括申请、决定、调查、再决定、做谴责书、法院审理、作出判决、惩戒法院决定之救济等八种。显然，德国程序具有更好的适用性。对于私行为进行惩戒，固然要坚持现有程序的完整性。但在私行为的惩戒程序设计上，还是需有一定的便捷性或简易性，包括在适用上，在考虑事实和情节的基础上，突出使用警告等声誉性处分，并根据事实、情节与需要逐渐加重，符合比例原则。

（二）私行为惩戒的裁量性

如日本法律指出，除违反公务员法外，"违反了职务上义务或玩忽职守时""作出与全体国民的服务者不相称的不良行为时"，也应受到惩戒，但"任何违法行为"具体包括什么行为，何为"违反职务上的义务"，何为"作出与全体国民服务者不相称的不良行为"，并无具体法律解释。尤其对于私行为的惩戒，很多管制内容无法通过立法精确概述，并由此造成了惩戒要件的高度概括性。这实际上赋予了惩戒机关比较大的自由裁量权，使得公务员惩戒认定具有一定程度的随意性，与刑事制裁中的"罪刑法定"的原则大不相同。如果我们仔细考察公务员惩戒制度的本质，应该承认，解决惩戒程序中裁量权过大的问题，关键还是要立法统一惩戒程序，对惩戒程序基本原则和具有普遍意义的重要程序制度作出明确规定，从而为惩戒提供可供依据的程序。各地区和各部门则可以结合具体情况制

定具体惩戒操作规程。这样，在系统、完整、明确和具体的惩戒程序规则的基础上，我国的惩戒制度可望步入规范化轨道。

第三节　私行为惩戒程序的要件性分析

　　程序的完善与否，直接关系到实体的权利与义务。同时，程序的健全对于公务员的惩戒的操作性，具有非常重要的意义。纵观过去，多少制度虚置，多少规定落空，关键是缺乏可操作性。尤其是对于私行为的惩戒，一般认为，以大事化小，小事化了的态度进行规制，也造成规则失效，对于程序来说，表现是刚性或格式的，但是具体操作的细则或实施规定，则是依据程序进行的具体化规定。

一、私行为惩戒程序的要件分析

（一）初查[1]

　　如前所述，立法规制的私行为具有范围限制，在其内者，会追责，不在范围内者，则为公务员的自由。对于私行为，不如公职行为，具有时空等界限，一般来说，违规私行为具有高度的隐蔽性、复杂性、多发性、易发性。发现不易，很多时候需要来自内部举报或反腐调查。即使发现了相关事实，也不意味着要立即追责，因为违规私行为的初步了解阶段，需要对于公务员的个人的信息加强程序性的深入了解，这至少包括了：一则，对于涉责事实信息的了解。信息一般来自"内部"或外部途径，内部是行政机关发现或公务员主动说明、乃至内部举报；外部则是通过机关之外的公民、法人或者其他组织那里获得案件线索或者公务员违法违纪信息的途径，其主要途径包括人民群众的检举、控告、揭发以及信访等等。对于这

---

　　[1]　"初查"作为一项法律制度，首先产生或形成于人民检察院承办国家工作人员职务犯罪案件过程中。1985年1月召开的第二次全国检察机关信访工作会议文件中即谈到"信访部门比较适合承办部分控告、申诉案件立案之前的'初查'，以便能够为职务犯罪侦查部门提供准确性高一些的案件线索。"其后，在最高人民检察院所发布的多个文件、司法解释中较广泛地使用了"初查"概念，初查逐步演化为了检察机关侦办国家工作人员职务犯罪案件的一项重要程序性制度。

两种途径获得的信息，行政机关或惩戒主体应有相关细致的程序予以对接。同时，对于虚假信息或诬告陷害，也需要追究相关人的法律责任。二则，对于信息或涉责的事项的真伪判断。虽然还没有进入调查阶段，但是惩戒主体应对于信息的真伪有初步的判断，这是一个关键问题，因为它对于后续的程序有着关键的作用。这需要办案人员，依据主客观的标准来判断，主观感知是一个方面，客观的分析就需要对于案件的信息及事实进行辨别。例如，针对涉案公务员谈话，或者要求某些信息公开等等，均可以实现以上目标。

（二）立案

初步了解后，尤其是对于事实的真伪证实后，应进入立案程序。由于违规私行为会涉及公务员的声誉及权益，例如，卖淫嫖娼、不赡养老人等这类行为，立案时，我们能否考虑其对于公务员声誉的影响呢？因为惩戒主体对违规私行为追责，大多不至于开除，今后还会继续在原单位工作。惩戒公务员违规私行为造成的不良后果，惩戒机关应进行适当的衡量。例如，惩戒机关应对于涉及隐私或商业秘密等信息，进行一定限度的保密。即使需要抄告相关部门的话，应当规定一定的办案纪律。例如，不得对外泄露、扩散有关的信息、资料；不得向相关人员通风报信；不得压、瞒、漏、改以及擅自处理案件线索；不得利用案件线索对有关人员进行敲诈勒索或接受宴请、财物等；未经批准，不得向其他任何部门和个人借阅案件线索材料。对于调查的涉责私行为，经核实基本属实，有关机关应立即立案；对于不属于涉责的私行为，应不予立案。

（三）调查

调查，或者是正式调查，是惩戒主体对于涉责私行为的事实和情节进行核实和取证的阶段。可以说，立案是前提，调查阶段则为全面的、规范的阶段，要对于追责的事实进行全面、准确、深入地查证。立案调查属于全面性调查，即行政主体不但要调查收集足以证明特定公务员存在应当承担相应行政责任的违法违纪事实的证据，还要调查收集证明特定公务员不存在案件线索所反映的违法违纪事实或者虽然存在一定的违法违纪行为但不应、不宜追究其行政责任的有关证据。显然，现阶段，除了在刑法有明确的规定外，在行政机关的内部调查中，还缺乏相应的程序或规定。例如，可否采取一定的强制措施，以及有关部门如何配合等问题。我国的《监察法》第四章监察权限中规定了调查过程中，可以依法留置；可以对涉嫌贪污贿赂、失职渎职等严重职务违法或者职务犯罪，根据工作需要，可以依照规定查询、冻结涉案单位和个人的存款、汇款、债券、股票、基金份额等财产；可以调取、查封、扣押用以证明被调查人涉嫌违法犯罪的财物、文件和电子数据等信息等。再如《公务员处分条例》第38条规定："行政机关公务员违法违纪，已经被立案调查，不宜继续履行职责的，任免机关可以决定暂停其履行职务。被调查的公务员在违法违纪案件立案调查期间，不得交流、出境、辞去公职或者办理退休手续"等等。

在调查阶段，若发现证据不足以证明公务员的私行为应当追责，则应终止调查，并撤销案件。对于能够证明特定公务员涉及私行为，并应承担相应行政责任的，应进行审理并作出决定。对于案件复杂的，报行政首长批准，其中重要、复杂案件的撤销，也应当报行政长官或上一级主管机关进行批准，并备案。此外，发现构成犯罪，则进行司法移交。

（四）审理

对于公务员职务外行为的惩戒，会直接影响到公务员的履行职责权利及其他基本权利，例如人格权、隐私权等。因此对于其审理，不仅要发现涉案事实，同样要分析该行为造成的损害，并评估因果关系。对此，国外很多立法对于职务外行为都有所规定，惩戒的范围及标准到底如何规定，则应根据国情，遵守比例原则，尽最大可能以衡平国家利益与公务员个人自由。

1. 实质性损害标准

英美国家由于文官制度由来已久，更由于自由及人权思想比较深入，形成了概述立法和列举混合的模式。1978年美国《政府道德法》出台之前，多为刑事责任控制，1978年之后转向了行政责任控制官员行为。它们的独到之处在于，设立了独立的权威机构，典型的如美国政府道德办公室、英国的公共生活准则委员会和加拿大的政府道德咨询办公室等。在实践之中，具体的惩戒则由不同的程序控制，同样各地方的程序控制又有所不同。根据行政法的理论，惩戒一般主要包括了以下要件：第一，被惩戒者具有国家公务员身份；第二，公务员有违法或违纪行为；第三，该违法或违纪行为的后果破坏了国家公务运行秩序；第四，公务员主观上有过错。[1]例如，美国《行政部门雇员道德行为准则》第八章规定，雇员不应从事会对其履行职务造成实质性损害的外界工作活动，并限制其接受报酬，除某些特定情况外，总统任命的全日制非职业公务员在有关联邦公务员法中对公务员的失职范围作了界定。对于在职公务员，下列两种情况概属失职：第一，公务员未履行他应承担的义务；第二，公务员公务之外的行为按照具体情况正好严重损害了他自身的职业声誉或公务员的威信。

具体而言，法律规定的惩戒事由（损害行为）要和政府受损（损害结果）建立起实质性联系。所谓实质性损害，在美国的立法里可理解为有一个重要的因果关系，这种实质性损害很难界定，简单来说，应当是一种较为严重的损害，这种损害由于公务员的损害行为所造成，其后果一般都是要依据一定的指标来评估。例如，对于职务的损害，对于政府或公务员的公正性及威信的影响等。因此，我们可以归纳为美国公务员的惩戒标准为三个关键环节：第一，发生了立法管制范围内的职务外行为；第二，造成了实质性损害；第三，行为与损害之间具有因果关系。而具体的操作就需要在案件判例中具体决定。

2. 损及职务上的信任标准

德日相关规范具有大陆法系特色，条款高度概括性，这也实际上赋予了惩戒机关极大的自由裁量权，使公务员惩戒的认定具有一定程度的随意性，也使公务员惩戒的过程与结果具有很大的不确定性。德国的惩戒标准为"损及职务上信任行为"，无论是刑事上犯罪，还是不当行为或影响声誉行为，要达到什么程度才惩戒。例如，公务员存在着重大犯罪，且严重

---

[1]　参见侯茜、范卫红：《外国公务员惩戒制度与借鉴》，载《科技进步与对策》2004 年第 9 期。

影响到了政府声誉,如杀人,伤人等重罪,则具有明显的损害职务行为,比较容易识别,但是,属于刑法上犯罪,且不损及职务上信任的行为呢?例如赌博、危险驾驶等。或者说,其行为构成刑法上犯罪,但与其执行职务的内容毫无关联,而无损于人民对其执行职务的信任。同样,在实践中,不当行为如何界定,例如,违反行政法规、规章,或者其他行为,如兼职、经商、未诚实申报财产等,此类行为会不会损及职务,影响人们对政府的信任?同样,影响声誉的行为,例如招妓、婚外包养情妇、酗酒等行为是否会构成损害职务行为呢?

德国《联邦公务员法》的惩戒标准是,"公务员于个别情况下所为职务外之行为,而妨害对其职位之尊敬和信任或官署之重大观瞻者为失职。"[1]首先我们看到其惩戒的仅是个别的职务行为,德国学界与实务界均认为,"职位"系指职务法上功能意义的职位,而非身份法意义之职位。[2]而所谓"官署之重大观瞻",亦是指行政机关维持对法治国有依法行事之行政信赖,而非伦理性的公务员或官署之社会声誉。由上可知,损及职务信任的标准,主要在于对职务行为的影响,惩戒机关具有很大的自由裁量权,但同时也是严格遵循比例原则的一个标准,因为行为的情节与惩戒结果直接挂钩。例如酒驾问题,大多国家都明确将其作为可免职范围,包括我国《刑法》设定的危险驾驶罪,且行政法上有《道路交通安全法》《治安管理处罚法》与之衔接。同时,我国《公务员处分条例》第 17 条第 2 款规定:"行政机关公务员依法被判处刑罚的,给予开除处分。"包括部委及地方有关公务员内部禁令规定,一律先行免职,再视情节依据有关规定追究纪律责任。[3]毋庸置疑,上述规定从效果上看能一定程度禁止酒驾。但是所谓的"一律免职"等相关规定不仅有违公务员法,而且有违我国公务员

---

〔1〕 德国《地方公务员地位法》第 47 条第 1 项也规定了类似的条款,如"公务员所为职务外之行为只有在个别情况下,根据特殊之标准,以一种对其职务而言具有重要意义之方式妨害对其职务之信任时,方属失职。"

〔2〕 联邦行政法院引用 H. J. Wolff 的学说,将其分为功能意义上的职位,和地位法意义上的职位。

〔3〕 例如湖南省于 2012 年发布了《进一步严明工作纪律改进机关作风的暂行规定》。

法对公务员履职的保障。具体而言，酒（醉）驾应当进行分析：如果仅是酒驾，没有肇事，根据《道路交通安全法》进行行政处罚；若构成酒驾，有肇事，造成他人重伤或死亡，则再应考虑是否损及职务上的信任关系，来决定是否免职。尤其近年来取消醉驾入刑的呼声和研究越来越多，这一问题也需要在公务员的规范上予以正视，形成有效规范和进一步保障。

（五）决定

涉及私行为的决定，就是指惩戒主体在立案调查的基础上，以事实为根据，以法律为准绳，按照法定程序、权限对政府公务员涉及私行为作出决定的程序。其内容既可以是不追究行政责任的决定，也可以是追究行政责任的决定。根据我国《公务员处分条例》第 35 条、第 36 条、第 37 条分别对作出行政处分的权限作出了下列具体规定：第 35 条指明，"对经全国人民代表大会及其常务委员会决定任命的国务院组成人员给予处分，由国务院决定。其中，拟给予撤职、开除处分的，由国务院向全国人民代表大会提出罢免建议，或者向全国人民代表大会常务委员会提出免职建议。罢免或者免职前，国务院可以决定暂停其履行职务。"第 36 条指明，"对经地方各级人民代表大会及其常务委员会选举或者决定任命的地方各级人民政府领导人员给予处分，由上一级人民政府决定。拟给予经县级以上地方人民代表大会及其常务委员会选举或者决定任命的县级以上地方人民政府领导人员撤职、开除处分的，应当先由本级人民政府向同级人民代表大会提出罢免建议。其中，拟给予县级以上地方人民政府副职领导人员撤职、开除处分的，也可以向同级人民代表大会常务委员会提出撤销职务的建议。拟给予乡镇人民政府领导人员撤职、开除处分的，应当先由本级人民政府向同级人民代表大会提出罢免建议。罢免或者撤销职务前，上级人民政府可以决定暂停其履行职务；遇有特殊紧急情况，省级以上人民政府认为必要时，也可以对其作出撤职或者开除的处分，同时报告同级人民代表大会常务委员会，并通报下级人民代表大会常务委员会。"第 37 条指明，"对地方各级人民政府工作部门正职领导人员给予处分，由本级人民政府决定。其中，拟给予撤职、开除处分的，由本级人民政府向同级人民代表大会常务委员会提出免职建议。免去职务前，本级人民政府或者上级人民政府可以决定暂停其履行职务。"

对于地方政府而言，也有相应的地方性法规。在监察体制改革前，地方的行政机关处分规定与上述规定大致相同。一般来说，对市人大常委会任命的市政府各部门领导，需要给予降级及其以下行政处分的，市监察局提出处分意见，报经市政府批准后，由市监察局下达处分决定；对市人大常委会任命的市政府各部门领导，需要给予撤职及其以上行政处分的，市监察局提出处分建议，市政府审核同意并提请市人大常委会免职或撤销其职务后，由市监察局下达处分决定，并报省监察厅备案。[1]监察体制改革后，根据《监察法》《政务处分法》规定，监察机关对经各级人民代表大会、县级以上各级人民代表大会常务委员会选举或者决定任命的公职人员予以撤职、开除的，应当先依法罢免、撤销或者免去其职务，再依法作出政务处分决定。监察机关对经中国人民政治协商会议各级委员会全体会议或者其常务委员会选举或者决定任命的公职人员予以撤职、开除的，应当先依章程免去其职务，再依法作出政务处分决定。监察机关对各级人民代表大会代表、中国人民政治协商会议各级委员会委员给予政务处分的，应当向有关的人民代表大会常务委员会，乡、民族乡、镇的人民代表大会主席团或者中国人民政治协商会议委员会常务委员会通报。

因行政责任决定涉及公务员的切身利益，根据权限一般都是由政府行政机关作出决定。根据《公务员处分条例》第39条明确规定，对涉嫌违法违纪的行政机关公务员"经任免机关领导成员集体讨论，作出对该公务员给予处分、免予处分或者撤销案件的决定"。一般决定，也是负责人通过会议方式集体讨论后作出决定，一般不应由主要负责人或者分管负责人直接作出。对此，有关规范性法律文件也有明确规定。处分决定必须采用书面形式，送达给被处分人，并且告知其有获得救济的权利。如《公务员处分条例》第46条规定："处分决定、解除处分决定自作出之日起生效"；

---

〔1〕 参见《宝鸡市人民政府关于印发〈行政处分批准权限规定〉的通知》，宝政发〔2002〕58号。

《政务处分法》第 46 条第 1 款规定："政务处分决定书应当及时送达被处分人和被处分人所在机关、单位，并在一定范围内宣布。"

（六）归档

处分决定归档。将处分决定归档，就是将处分决定归入被处分公务员的组织人事档案。对此有关法律法规均有明确的规定。如《政务处分法》第 54 条规定："公职人员受到政务处分的，应当将政务处分决定书存入其本人档案。"《公务员处分条例》第 39 条第 1 款第 7 项规定："任免机关有关部门应当将处分决定归入受处分的公务员本人档案，同时汇集有关材料形成该处分案件的工作档案。"将处分决定归档的主要意义就是将受处分者的"不良"行为予以记录或记载，既作为对受处分者日常表现情况的证明材料，又便于在开展相关工作中备查。目前有关立法文件、党的规范性文件，对已经归档的行政处分或纪律处分并没有作出在经过一定期限或者符合某种条件后撤档的规定。

二、行政惩戒与党纪处分的衔接问题

对公务员违法或违纪行为，包括私行为的惩戒，主要的依据是《公务员法》和《公务员处分条例》。对于是党员的公职人员，除了行政处分外，还需要接受党纪处分。例如，除刑事责任外，《纪律处分条例》第 35 条还涉及行政处罚、政务处分、乃至社会组织的其他处分，这从前后上构建起广度的党纪处理范围。简单来说，只要行为越界，就可能被党纪处分，在实际应用中，为避免扩张性的解释，还是应认真区分各种处分的边界，避免"以纪代法"。

党的纪律处分则是作为执政党的中国共产党的各级党组织依据党员管理规范，对违反党的纪律规范的党员所实施的警告、严重警告、撤销党内职务、留党察看、开除党籍等惩戒措施。由于党的纪律处分也适用于政府行政机关中的党员公务员，且行政处分与党的纪律处分是性质不同的两种责任形式，两者的具体责任形式、适用对象与范围、责任追究后果等诸多方面存在显著区别，因此两种处分责任并不能互相替代。行政机关的党员公务员受到行政处分，但处分较轻且不涉及违反党的纪律问题或者违反党的纪律的情节很轻微，则可以不追究党的纪律处分责任。同样，行政机关的党员公务员受到党的纪律处分，但处分较轻且不涉及违反行政法律规范或者违法情节显著轻微，也可以不追究行政处分责任。只有在党员公务员的行为既违反了行政法规，又违反了党纪规范的情况下，才应当同时追究该公务员的行政处分责任与党纪处分责任。

第一，在设定行政处分责任与纪律处分责任时，应当使两者所设定的具体责任的轻重程度与党员公务员违法、违纪的轻重程度相衔接，做到两种责任的具体责任形式的责任强度彼此之间大致统一；在追究公务员两种责任时，也应当使所确定的两种责任中的具体责任形式在责任强度上做到必要的合理衔接与适应。例如，党的组织给予党员公务员撤销党内职务、留党察看、开除党籍等较重的纪律处分的，行政机关通常也应当相应给予撤职以上的较重的行政处分。同理，行政机关给予党员公务员以撤职、开除的行政处分的，一般也应给予其撤销党内职务、留党察看或者开除党籍等的纪律处分，被行政机关给予开除公职处分的党员公务员须开除党籍。不应在追究行政处分责任与纪律处分责任时，出现针对同一种违法违纪行为，一种责任过轻，另一种责任过重的情况。

第二，党的组织对党员公务员在先做出撤销党内职务、留党察看、开除党籍等处分的条件下，应当建议尚未做出行政处分决定的行政机关给予该公务员撤职的行政处分，行政机关应当根据人事管理权限做出撤职的行政处分；如果行政机关的党员公务员已经依法被追究了行政处分责任，党的组织认为应对其根据规定追究纪律处分责任的，党的组织可以根据生效的公务员处分决定所认定的事实、性质和情节，经核实后依照规定给予其相应的纪律处分。

第三，行政处分、执政党的纪律处分与刑事处分的合理衔接。行政处分、党的纪律处分与刑事处分是性质不同的责任类型，党员公务员的违反行政法律规范、党的纪律规范的行为，只有在超过了一般违法或违纪的界限并达到严重违法即犯罪时，才要承担相应的刑事法律责任。由于行政机关公务员违法违纪行为，有可能在构成行政处分责任、纪律处分责任的同时构成刑事责任，故在实践中必然就会涉及三种责任形式的合理衔接问题。这种衔接也主要表现有三种观点：选择适用、吸收适用和合并适用。选择适用即一项行为同时违反这两部法律时，不能一并适用，而只能选择其中一个适用。吸收适用即在两种责任竞合时，执行其中一个后，认为没有必要执行另外一个时，可以免除执行。合并适用是既要承担刑事法律责任，也要承担行政法律责任。在选择适用上，多数人根据从重处罚原则主张刑事责任吸收行政责任，也有少数人根据从轻原则主张行政责任吸收刑事责任。行政责任与刑事责任是两种性质不同的责任形式，两者的适用范围与对象、所解决的问题、产生的法律后果等有较明显的区别，行政责任中的不少责任形式并不能或不宜被责任强度较重的刑事责任吸收。在公务员被追究了刑事责任之后，还需要通过追究行政责任甚至党的纪律责任对特定法律关系或社会关系予以变更，刑事责任并不能直接解决，也不适宜解决诸如行政职务关系、党员关系、党内职务关系的变动等问题。如公务员犯罪，除了依法追究其相应的刑事责任之外，还需要按照人事管理、党员管理权限撤销职务（党内外）、开除公职（党籍）等，无法直接通过刑事责任来替代或实现。还需要借助相应的行政处分形式、纪律处分形式来实现这种关系变动。因此，对上述三种责任应当在立法或制度创设上确立以合并适用为主、吸收适用为辅，并进行合理衔接的原则。

责任追究程序上的衔接问题。行政责任、党的纪律责任与刑事责任在责任追究程序上的衔接，一般应当遵循刑事优先原则。刑事优先，是指某个公务员的违法违纪案件在同时构成行政责任案件、纪律处分案件以及刑事案件时，原则上应当先由司法机关按照司法程序规定追究其刑事责任，然后待刑事责任确定后，再行作出行政责任或者纪律责任的决定。具体要求是：如果行政机关或者党的组织在查处案件时发现公务员的行为涉嫌犯罪，应当先依法将案件移送司法机关追究该公务员的刑事责任，并在刑事责任确定之后再依法依规追究行政责任、纪律责任；如果对公务员的违法违纪案件，有权查处的行政机关、党的组织及司法机关均予立案，原则上行政机关、党的组织应当中止对案件的办理，由司法机关先追究公务员的刑事责任，待刑事责任确定之后，再恢复对案件的办理。刑事优先原则，不但有助于更好地衔接行政责任、纪律责任与刑事责任，也有助于提高行政责任案件查处、办理的效率和质量，还有助于有效防止以罚代刑、以党纪代替法律责任等不良现象的发生，切实保障政府公务员行政责任的有效实现。

第九章

对不服惩戒处分的救济

第一节　国外公务员惩戒救济的基本情况

无论是将公务员处于特别权力关系还是处于契约关系作为公务员法律关系的基础，传统上，都不允许公务员因对惩戒处分不服提起诉讼。而后，理论界和实务界逐步摒弃了这种做法，并确立对公务员实施惩戒处分时，也应适用法律保留原则和法律优先原则。通过国外相关判例可以看出，对公务员法律关系不仅可以内部申诉，也可以提起行政诉讼。当然这种诉讼特别要求了适用情形，例如，重大事项的理论表明，公务员改变身份之类的有重大影响的惩戒处分，允许受处分人向司法机关寻求救济。

一、公务员救济

公务员救济，或公务员权利救济，是指其权益受到侵害，依法向负有救济职责的机关请求权益保护、损失补救的制度。被惩戒后的救济，是指公务员被惩戒后，对其自身权益寻求救济的权利。这种权利同样是公务员救济中的一部分，这种权利比较特殊，与一般的救济相比较，它具有自己独特的特征：

（一）公务员被惩戒救济是一种事后行为

公务员被惩戒救济，这里涉及两个基本的事实，一是因公务员违反了相关义务或纪律，被惩戒了，这是事由；二是公务员被惩戒救济，是一种事后补救性权利。在公务员的权利受到侵犯之后，法律规定公务员享有寻求救济的权利，但是《公务员法》及相关法律规定的救济情况不同，则规定的补救措施也会不同。

(二) 公务员权利救济是一种公力救济

公力救济是指公务员要依靠国家法律规定的救济程序，获得具有强制力、法律意义的公权力的救助。而非依靠个人或社会团体力量的介入，来解决自己的权利救济问题。公务员的救济必须依靠公力救济，这是现代司法文明的基本共识，也是法律存在的意义。在当前，公务员执行公务包括个人私行为导致的被惩戒，其依据是国家的法律法规，乃至行政机关的纪律。这就决定了公力救济是公务员救济的应有之义，也是能够达到最佳救济效果的救济。

(三) 公务员救济必须依法救济

公务员权利救济作为典型的公力救济形式，必须依法进行。公务员权利救济事由必须在法律规定的事项内，救济申请程序必须符合相关的法律流程，救济机关必须依法受理公务员的救济申请，同时依法作出救济裁决。

二、公务员权利救济的类型

公务员权利救济有多种类型，如诉讼救济和非诉讼救济，依申请救济和依职权救济，公力救济和私力救济，法定正式救济和非正式救济等，其中最具有代表性的是诉讼救济和非诉讼救济。

诉讼救济和非诉讼救济划分的标准是公务员权利救济的申请处理是否需要经过司法起诉的程序。非诉讼救济的受理机关一般为行政机关，是指公务员权利受到侵犯时向原处理机关或其他独立处理机关等作出的救济申请，具体可供选择的救济形式有复核、申诉、控告以及我国所特有的聘任制公务员的人事争议仲裁等。诉讼救济的受理机关是人民法院，权利受侵害的主体以作出权利侵害的机关或相关处理决定作为司法诉讼标的，法院根据救济申请人的申请，依据法律规定决定立案受理与否，在受理的情况下进行司法审查，作出具有法律强制执行力的判决。

被惩戒后的救济，主要是指对被追究行政责任的政府公务员权利的救济，也包含对错误的行政责任或个人行为追究决定的事后修复、补救。国家公务员是保障行政连续性的关键，追究行政责任目的在于对个人进行惩戒，进而实现某种行政目标。所以，我们对于违法或不当的行为要纠正，并追究责任，这是行政权运行的必然规律。同样，对于私行为追究责任，不只是形式意义，它同样是为了行政的信赖，政府的诚信，所作出的责任后果。

三、各国救济的基本情况

（一）法国

在法国，公务员不服纪律处分可以采取行政上的救济手段和司法上的救济手段。

1. 行政救济手段

行政上的救济手段指公务员可以向行政机关和向国家公务员或地方公务员最高委员会提出申诉。（1）向行政机关申诉。公务员不服纪律处分时可按行政组织原则，向有纪律处分权限的行政机关或其上级行政机关申诉。行政机关根据公务员的申诉，可以撤销、维持或改变纪律处分；（2）向公务员最高委员会申诉。行政机关的纪律处分如果和纪律委员会的建议不符合，而且是适用警告和申诫以外的惩戒时，公务员对这种处分不服的，可以在接到处分通知一个月内向国家公务员或地方公务员最高委员会申诉。公务员最高委员会进行调查后，向行政机关建议维持、撤销、修改等纪律处分，但建议只供行政机关参考，没有法律上的约束力。

2. 司法救济手段

行政机关纪律处分权的行使，受行政法院的监督。公务员不服行政机关的纪律处分，可向行政法院提起撤销之诉和损害赔偿之诉。（1）撤销之诉。撤销之诉应向公务员所服务地区的地方行政法院提出。法院审查的事项包括行政机关是否有纪律处分权限、处分程序是否合法、是否有权力滥用情形、惩戒手段是否为法律所规定的手段、行政机关所主张的违法事实是否存在、是否具备违反公务员义务性质、惩戒手段是否明显地超过违法的程度等类问题。对于有决定权的纪律委员会所裁决的处分提起撤销之诉，行政法院的审查属于复核审性质，只审查法律问题，违法的纪律处分被撤销后，视为自始不存在，公务员恢复以前的地位，被撤职的公务员则恢复原职或与原职相当的职位。撤职期间计算在服务年资以内，符合晋升条件的公务员在此期间享受晋升利益；（2）损害赔偿之诉。公务员因违法的纪律处分所受到的损害由行政机关负责赔偿，也可要求赔偿精神损失。公务员对于损害的发生有过错的，在确定赔偿金额时，适用过错相抵原则，减少行政机关的赔偿数额。

（二）日本

对不服惩戒处分的救济，日本目前对公务员的惩戒处分的救济手段分为行政系统内部救济和司法性救济两种方式。

1. 行政救济手段

日本公务员不服行政处分的行政救济制度，主要是指行政不服申诉制度。它是"属于行政权本身的机关，作为行政的自我反省或行政监督的手段，以比较简易的程序审查行政处分等是否适当的程序"，也可称为"简式争讼"。日本《国家公务员法》第89条规定："对于公务员进行违反其意志的减薪、降职、停职、免职及其他明显不利的处分或惩戒处分时，处分者在进行处分时必须向公务员发给载有处分事由的说明书"，并且"说明书应当记载公务员有权向人事院提出异议及提出异议的期限"。

不服上述处分的公务员"只能向人事院提出行政不服审查法（审查请求和异议申诉）所规定的不服申诉"。这里所说的"异议申诉"和"审查请求"分别是指向原处分机关或原处分机关的上级机关提出的申诉。"不服申诉必须从接到书面处分决定的第二天起3个月内进行，从受到处分的第二天起过了一年以后不能提出不服申诉。"受理公务员的申诉请求后，人事院或由其设立的公平委员会必须立即进行调查。公平委员会通过口头审理、调查作出判定意见。对于公平委员会作出的调查结果和判定意见，"查清该公务员受处分的事由不存在时，人事院必须取消处分，采取必要而适当的措施恢复公务员的权利，并纠正公务员因处分受到的不正当处理。人事院还必须指示补发公务员因受处分而减少的工资。"行政救济手段主要指向人事院、人事委员会、公平委员会提起申诉。人事院等对于此类申诉，采用听证等准司法程序进行，以口头方式审理。

2. 司法救济手段

日本《国家公务员法》规定，公务员如果对人事院作出的判定不服，可向法院提起行政诉讼。在日本《行政诉讼法》中，公务员提起的行政诉讼被确定为"抗告诉讼"类型，具体指"撤销裁决的诉讼"或"当事人诉讼"，前者是指要求取消行政机关的审查请求、异议申诉的裁决、决定或其他行为，后者是指当事人之间关于公法上的法律关系的诉讼。公务员提起的"撤销裁决诉讼"，不是请求撤销行政机关的处分，而是请求撤销对于处分的不服申诉所作出的裁决的诉讼，这里实质上已规定了行政救济的前置程序。公务员提起的"当事人诉讼"，主要指公务员针对工资及损失补偿提起的诉讼。对这种裁定不服的，可以向法院提起撤销之诉，通过司法最终裁决解决争议。

（三）美国

同样分为行政救济和司法救济两种形式。行政救济以行政申诉为主，司法救济则以司法审查为主。在这两种救济形式如何衔接的问题上，美国也在法律中做出了比较合理的设计。

1. 行政救济手段

《美国法典》设有专门章节对公务员的行政申诉予以规定，公务员不服行政处分，可向考绩委员会提出申诉。该委员会可以自行审理，也可交由行政法官或该委员会指定的其他委员会的雇员进行审理。但在涉及对公务员的免职处分时，则"应由该委员会、有审理申诉经验的雇员或行政法官审理"。审理行政申诉应举行行政听证，在听证过程中，行政机关必须对作出处分决定的实质性证据及"该机关关于任何其他情况给予的处分有优势证据"予以证明。公务员可以通过证明机关作出决定的程序有错误或该机关的行为是应予禁止的人事管理做法的方式，来证明行政机关处分决定对自己的不利影响。在审理过程中，在涉及对公务员管理所依据的法律、法规或规章的解释有争议时，人事管理署署长可干预或用其他方式参与功绩制保护委员会主持的审理程序。

2. 司法救济手段

美国法律规定，"一个雇员或雇员申请人受到功绩制保护委员会的最后命令或裁定的不利影响或委屈时，可获得对此命令或裁定的司法审查"。在司法审查过程中，功绩制保护委员会或对作出行政处分有责任的机关是指定被告。美国司法审查制度的确立，保证了"正当法律程序"对公务员权益的保障。对公务员权益的保障与对一个得力而有效的政府的权力的维护，是美国法律所关注的两个方面的问题。这里必然涉及司法救济与行政救济的相互衔接问题。美国的司法审查遵循着"成熟原则"、"穷尽行政救济原则"及"首先管辖权原则"，其中，"穷尽行政救济原则"的要求，突出地体现了美国制度的合理设计。该原则强调"当事人在没有利用一切行政救济以前，不能申请法院裁决对他不利的行政决定"。

第二节　我国公务员被惩戒后的救济

行政惩戒是行政机关对违法的公务员给予的一种惩罚，它有可能对公务员的权益造成损害，有损害必有救济，对公务员权益损害的救济，在各国的行政法律制度中都给予了认可。我国目前对公务员的救济主要是行政机关的内部救济，如《公务员法》第 95 条规定，公务员对处分不服的，可以申请复核，对复核结果不服的，可以提出申诉，也可以不经复核，直接提出申诉。此外，《政务处分法》规定，公职人员对监察机关作出的涉及本人的政务处分决定不服的，可以依法向作出决定的监察机关申请复审；公职人员对复审决定仍不服的，可以向上一级监察机关申请复核。对于救济问题，包括行政救济制度的实施、所应遵循的原则、程序及具体实施机构等，仍需要制度的完善和加强。

一、内部申诉

目前我国政府公务员救济途径或制度，主要限于行政内救济。以公务员最常见的行政处分的救济而言，《公务员法》《监察法》《政务处分法》等法律、法规只规定了申请复核、提出申诉的行政内救济途径。这种行政内救济途径主要有两种方式：

一是向作出行政处分的行政机关申请复核，或者向同级公务员主管部门或者作出处分决定的上一级行政机关提出申诉。《公务员法》第95条第一款规定："公务员对涉及本人的下列人事处理不服的，可以自知道该人事处理之日起三十日内向原处理机关申请复核；对复核结果不服的，可以自接到复核决定之日起十五日内，按照规定向同级公务员主管部门或者作出该人事处理的机关的上一级机关提出申诉；也可以不经复核，自知道该人事处理之日起三十日内直接提出申诉：（一）处分；（二）辞退或者取消录用；（三）降职；（四）定期考核定为不称职；（五）免职；（六）申请辞职、提前退休未予批准；（七）不按照规定确定或者扣减工资、福利、保险待遇；（八）法律、法规规定可以申诉的其他情形。"同时，另外两款有规定，对省级以下机关作出的申诉处理决定不服的，可以向作出处理决定的上一级机关提出再申诉。受理公务员申诉的机关应当组成公务员申诉公正委员会，负责受理和审理公务员的申诉案件。

二是向监察机关提出申诉，《公务员法》明确规定，公务员对监察机关作出的涉及本人的处理决定不服向监察机关申请复审、复核的，按照有关规定办理。2018年《监察法》第49条规定："监察对象对监察机关作出的涉及本人的处理决定不服的，可以在收到处理决定之日起一个月内，向作出决定的监察机关申请复审，复审机关应当在一个月内作出复审决定；监察对象对复审决定仍不服的，可以在收到复审决定之日起一个月内，向上一级监察机关申请复核，复核机关应当在二个月内作出复核决定。复审、复核期间，不停止原处理决定的执行。复核机关经审查，认定处理决定有错误的，原处理机关应当及时予以纠正。"

关于公务员行政责任实现的行政外救济，主要包括以下几个方面的规定：一是向上级机关或者有关专门机关提出控告。如《公务员法》第98条规定："公务员认为机关及其领导人员侵犯其合法权益的，可以依法向上级机关或者监察机关提出控告。受理控告的机关应当按照规定及时处理。"显见，本条所指"上级机关"并不仅限于上级行政机关，还应包括国家权力机关、党的领导机关或者纪律检查机关等；也不限于专门的监察机关。因此，如果公务员认为行政责任实现主体及其领导人员对自己作出行政责任追究决定存在违法违纪，侵犯了自己的合法权益，不但可以向行政机关以外的相关国家权力机关、党的组织提出控告，而且就认为涉嫌职务犯罪的事项还可以依法向人民检察院等司法机关提出控告。二是申请人事仲裁。《公务员法》第105条规定："聘任制公务员与所在机关之间因履行聘任合同发生争议的，可以自争议发生之日起六十日内申请仲裁。当事人对仲裁裁决不服的，可以自接到仲裁裁决书之日起十五日内向人民法院提起诉讼。仲裁裁决生效后，一方当事人不履行的，另一方当事人可以申请人民法院执行。"据此规定，聘任制公务员因履行聘任合同发生人事争议时，聘任制公务员可以通过人事仲裁途径进行救济。如果在人事仲裁机构作出仲裁决定之后，聘任制公务员不服仲裁裁决，还可以依法向人民法院提起诉讼，借助司法救济途径维护自己的合法权益。当然，在严格意义上讲，目前人事仲裁因设立于人事行政主管部门，并非独立的纠纷裁断机构，在实质上仍然属于行政内救济的范畴。三是向非行政机关的国家机关、执政党的组织通过信访途径提出申诉、控告、检举、揭发。《宪法》第41条规定："中华人民共和国公民对于任何国家机关和国家工作人员，有提出批评和建议的权利；对于任何国家机关和国家工作人员的违法失职行为，有向有关国家机关提出申诉、控告或者检举的权利，但是不得捏造或者歪曲事实进行诬告陷害。对于公民的申诉、控告或者检举，有关国家机关必须查清事实，负责处理。任何人不得压制和打击报复。由于国家机关和国家工作人员侵犯公民权利而受到损失的人，有依照法律规定取得赔偿的权利。"，政府公务员是担任国家行政职务的公民，在其合法权益受到侵害时当然也享有宪法所赋予的申诉、控告或者检举的权利。对此相关立法文件或者规范性文件也有明确规定。此外，根据《党章》《中国共产党党内监督条例》等的相关规定，政府公务员认为，因追究行政责任使其权利受到所在单位或者单位领导侵损时，还可以针对所在党组织、党员领导干部向党的领导机关、党的纪律检察机关通过信访等途径提起申诉、控告、检举、揭发。除了上述救济途径或渠道，目前我国包括政府公务员在内的公务员在被追究行政责任之后，尚无其他救济途径。

二、诉讼的可能性

1972 年德国联邦宪法法院在司法实践中提出了"重要性理论"，在"受刑人基本权案"[1]中，联邦宪法法院指出，只要国家行政公权组织所实施的行为涉及基本权利的重要事项，就必须受法治限制。依据该理论，有关基本权利的重要事项，均应由立法机关通过法律规定，行政机关如若没有法律授权，不得做出有损基本权利的决定。该理论系对特别权力理论的修正与进步，虽然未得到世界各国的普遍认可与应用，但该理论在对权力的划分方面值得参考与借鉴。同时，日本在公务员权利救济方面有类似的规定，根据侵害权利的不同，日本公务员法的规定有所不同，对关系公务员身份等重大事项，公务员方可向人事院、人事委员会、公平委员会请求修正，撤销对其不利处分的裁定，亦可提起司法审查。

同样，美国在政府行政组织之外设置独立的人事机构，实行部外制人事机构，其独立性很强，一般不受其他行政机关影响与干预。具体而言，在联邦政府中设立独立的人事管理总署和功绩制保护委员会，受理公务员申诉案件。人事管理总署负责联邦文职雇员的人事管理，也可参与功绩制保护委员会的听审程序或寻求司法机关的审查。《美国法典》中明确规定，公务员对其所作出的行政处分行为不服，有权向考绩委员会提出申诉，考绩委员会可选择自己审理，也可选择由行政法官或其指定的其他委员会的工作人员来审理，但对于公务员提出的免职处分，则限制仅由考绩委员会、有审理经验的工作人员或行政法官审理，并就机关作出的行政行为程

---

〔1〕　B Verf GE 33, S. 1 ff. 联邦宪法法院认为监狱当局对受刑人之通信自由，不可再依传统的特别权力关系，而径以监狱管理规则来限制。即受刑人的基本权利，唯有依据法律始得限制之，且立法者有义务为此一项仅由行政规则规范的刑罚执行领域制定适当法律。

序违法或应予以依法禁止加以证明。功绩制保护委员会内创设了一个特别律师办公室，负责调查和追诉行政机关违反文官法的行为。特别律师办公室虽然是功绩制保护委员会的一部分，但独立执行职务，不受功绩制保护委员的指挥和其他人的干涉。特别律师由总统提名，经参议院同意后任命，任期5年。为了保护特别律师的独立地位，他有权任命辅助的法律职员和行政职员，有权制定法规，有权就其活动直接向国会提出报告。

另外，美国确立司法审查制度，公务员如果对功绩制保护委员会作出的决定不服，可向美国联邦上诉法院提起上诉。公务员可依照法律规定，对行政主体作出的有关公务员的不利影响或者损害行为提起司法审查，在法律没有明确规定的情形下，对行政主体作出的侵害公务员法定权利的所有行为均能提起司法审理。美国司法审理依照"穷尽行政救济"原则，公务员必须在运用行政救济途径尚不能保障其权益的前提下，方可申请法院审查行政处分行为。

德国是特别权力关系学说的发源国，但其本国已逐渐摒弃特别权力关系说，将司法救济引入公务员权利救济制度。德国联邦宪法法院通过司法判例提出了"重要性理论"，涉及人权的重要事项也应以法律规定，而且应接受法院的司法审核。德国《联邦公务员法》及有关条例规定，官员遵守申诉程序，可以直接向其所在单位的最高行政机关提出申诉，可以把申诉呈文直接提交更高一级别的领导，也可向联邦人事委员会申诉；针对上述各机关对申诉的裁决或针对下达的纪律处分决定，当事官员可以申请联邦纪律法院进行裁决。德国《联邦公务员纪律条例》对公务员违反纪律的行为所应受的处分和处分程序作出了规定，对公务员作出纪律处分应向联邦纪律法院或联邦行政法院纪律审判庭提起诉讼，设有联邦纪律检察官，保证纪律处分权的统一行使。

"程序"与"实体"相对称，指按照一定的方式、步骤时间和顺序作出法律决定的过程。通过内部程序，例如，内部的申诉程序。首先，可实现对人事管理权力的制衡。能够帮助国家机关在行使人事管理权限时自觉进行"理性思考"和"理性选择"，对恣意行为进行自我限制和修正，达到权力制衡的效果。其次，通过内部申诉，符合行政权划分，专业的行政权问题，交由司法，并不见得能有效解决，而申诉只要通过正当合理的法律程序，就能够使纠纷及时、有效、公正、合理地得以解决。因此，完善申诉程序，能够保证人事纠纷真正得到解决，从而实现公务员实体权利公正。再次，诉讼是公务员权利的最后保障，正当程序的意义就在于通过法律执行的各种程序过程使人们体会到法的公正与尊严。在内部救济无法走通的情况下，要使公务员从"能够看得见"的程序形式中，获得充分的权利救济，就必须有诉讼，或司法救济。

通过对上述域外国家行政诉讼制度研究发现，大陆法系国家和英美法系国家对内部行政行为争议的救济要么是行政救济和司法救济的衔接，要么就是完全的司法救济。但不管如何，大陆法系国家和英美法系国家都遵循着司法救济。在我国，内部行为的可诉性，也一直以来是争议的焦点，且理论与实务界很多做了系统的研究，尤其是指导案例22号[1]，为内部行政行为外化后具有可诉性的情形夯实了根基，不仅是行政审判司法实践上的一次重大突破，也对行政法学理论界的意义重大。因此，对于其可诉性，可以借鉴德国联邦宪法法院确立的"重要性"理论。具体说来，就是首先在原则上对内部行政行为的可诉性予以肯定，即凡内部行政行为涉及相对人基本权益的，相对人如有不服均可提起行政诉讼。其次，再采取开放式列举的方式明确几种可诉的行政行为。这种原则加列举的方式，一方面有利于限定司法救济的可诉范围，另一方面，也能使公务员的权利得到较为充分的保障。例如，直接决定公务员身份的行政处分以及影响公务员财产权益

---

〔1〕　该案例系安徽省高级人民法院向最高人民法院案例指导工作办公室推荐。案例指导工作办公室经集体讨论，并征求了最高人民法院行政庭的意见。行政庭经审查认为，本案例明确了收回土地使用权批复的可诉性，进而将内部行政行为的可诉情形进行了完善，该案例以最高人民法院行政庭的相关答复为依据，适用法律正确，同意作为备选指导性案例。2013 年 7 月 23 日，研究室室务会经讨论并报院领导同意提交审委会审议。10 月 28 日，最高人民法院审判委员会经讨论认为，该案例符合最高人民法院《关于案例指导工作的规定》第 2 条的有关规定，同意将该案例确定为指导性案例。11 月 8 日，最高人民法院以法〔2013〕241 号文件将该案例列在第五批指导性案例中予以发布。

的处分决定等。最后，将未明确列举的行为可诉与否的决定权交由法院行使，避免行政机关借机扩大不可诉内部行政行为的范围，使司法救济流于形式。

第十章

公务员私行为规制的法治化

第一节　公务员私行为规制的法治化路径

对于公务员的私行为进行规制，是一个较为矛盾的问题。《公务员法》一般都涉及的是公务行为，私行为属于个人的自由，若加以立法限制，这必然有很多负面的影响。受特别权力关系影响，对于公务员的严格管理，也是我国一贯的历史传统。特别权力关系理论起源于德国，用以涵盖公务员关系、军人关系、学生与学校、人犯与监狱及其他营造物利用关系，系19世纪最后三分之一年代，惟先前亦出现若干先驱者，对此项理论之建立有一定程度之影响。[1]我国虽没有明确规定该理论，但是对于公务员的管理，却仍受其影响。随着人权思想以及科技的发展，对于公务员的私行为必须从单纯的规制走向法治，这是必然的趋势，也是客观的要求。

一、公务员私行为规制法治化的必要性

（一）人权保护的基本诉求

传统的特别权力关系，有其进步的意义，但是其缺乏对关系人的保护，在此理念下，公务员义务为先，权利在后。很多方面，甚至忽略了公务员的基本权利。人权从道德权利转换为法律权利以来，越来越多的国家在其宪法中承认和确认人权，尤其是宪法将人权视为其核心的内容，而且

---

〔1〕　参见吴庚：《行政法之理论与实用》（增订八版），中国人民大学出版社2005年版，第143页。

国际法对于人权保护也形成了一系列的规定。因此，用历史的眼光来看，一个 19 世纪的概念"特别权力学说"，已经越来越无法适应现代社会的需求，德国先后经历了乌勒的"基础关系与管理关系理论"和德国联邦宪法法院的"重要性理论"等对"传统的特别权力关系理论"进行修正和发展的阶段。现代行政法发展的路径，应该是在行政权控制的基础上进行积极的服务行政或给付行政。同时，对于公务的行使者，我们的公务员也应对自身的需求和权利保护方面提出新的要求，尤其是随着科技发展，人对于信息进行了重新的掌握和控制，同样权利也在发生新的演变，例如，隐私权或上网的权利，等等。这些主客观的变化对现有的规制模式和规制方式都提出了挑战。出于信赖，私行为需要规制，但其必须有界限，界限的基础就是人权。在没有正当程序的情况下，我们任何时候都不能剥夺其自然权利。对私行为的规制，应从长远来看，将私行为的规制在法治的轨道上予以规范，才是最佳的选择。

（二）行政法治的必然要求

党的十八届四中全会提出了依法治国、法治国家、法治政府与法治社会的一体化推进，最根本的环节还是法治政府，而法治政府中最关键的是行政法治。行政法治是现代法治国家所奉行的基本原则。长期以来，我国的部分官员缺乏法治意识和思维，具有"特权"意识，做事凭感觉，我们常言"屁股决定脑袋"、靠长官意志和个人权威推行行政，从短期看，会有一定的效果。但从长期来看，缺乏法治指引，必然导致违宪违法。尤其是党的十八大以来，对于执法环节，中国共产党中央委员会办公厅、中华人民共和国国务院办公厅印发实施《关于全面推进政务公开工作的意见》；2015 年 12 月，中共中央、国务院印发《关于深入推进城市执法体制改革、改进城市管理工作的指导意见》；2016 年 5 月，中共中央办公厅、国务院办公厅印发实施《关于推行法律顾问制度和公职律师公司律师制度的意见》；2017 年 6 月，国务院法制办起草的 2019 年国务院施行《重大行政决策程序暂行条例》，等等。上述关于规范行政权运行的立法，基本符合行政法治的内涵，也符合目前国家的基本政策。但对于公职人员的规范，基本的趋势是越来越严，尤其是对于公务员私行为的规范。行政法治不仅是对行政行为的规范，对于行政法律关系的主体还是要进一步地立法明确。我们在对于私行为规制的同时，必须保持与基本权利的平衡，同时对于公务员权利限制的同时，还必须在其法律规制和司法监督方面，对行政法治提出要求，否则，行政法治就是"跛脚的"。

（三）行政伦理立法的需要

行政法的发展，一个重要的趋势就是行政伦理立法的快速推进和完善。有学者曾指出，行政公务员是"一体两位"的逻辑范式。"一体"指其集权利主体和救济主体为一身。前者享有以身份权为核心的权利内容；后者在不同的法律救济关系中，享有不同的救济，权利不同，救济不同，前者决定后者。"两位"指作为公民和公务员两种身份的权利救济，也是一对逻辑范式。而这一外现和表征归根结底是由权利的属性和机理决定的，从而形成其自身独有的机制。[1]因此，公务员伦理法的制定和修改要符合"一体两位"的内部机理。当然，我国的公务员伦理法的制定和构建，也应凸显权利保障的需求和公务员规制的平衡，包括对于公务员私行为的规制，也应符合这一基本的要求。

二、法治化的路径

对于私行为的立法规制，需要理论先行。从德国的经验来看，比较强调规制与权利的平衡。例如，德国《波恩宪法》第19条规定："一、根据基本法，某一基本权利可以受法律限制或依法予以限制，就此而言，这种法律必须普遍适用而不仅适用于个别情况。此外，这种法律必须列出基本权利，并规定有关条款。二、基本权利的基本内容在任何情况下都不得受侵害。……四、任何人的权利如遭到公共机关的侵犯，可向法院提出诉讼。如管辖范围没有明确规定，可向普通法院提出诉讼但第十条第二项后段之规定不因此而受影响。"这是对于公民基本权利的规范。而对于公务

---

〔1〕　参见姬亚平、李建科：《行政公务员权利与救济的行政法哲学》，载《山东科技大学学报（社会科学版）》2010年第2期。

员管理的传统理论，德国也一再进行改造，1960 年德国的《行政法院法》对行政诉讼的受案范围也作了概括性的规定，如第 40 条第 1 款规定："一切非宪法性质的公法上争议，如根据联邦法律，该争议没有明确分配给其他法院处理时，应当适用行政法律程序。州法律范畴产生的争议，也可由州法律划归其他法院管辖。"1972 年德国联邦宪法法院通过司法判例又提出了"重要性理论"。按宪法法院判决大意，"重要性"是由所规范事物之内容、范围、比例等是否对整体（人民或各该权力关系）具有重要性的意义来决定的。而基本人权之保障是决定是否具有"重要性"的最关键因素。只要特别权力关系中的行为涉及基本权利的重要事项，即应受依法治国原则之支配。受其影响，公务员的权利保障是其主流。对于公务员的私行为的规制，欧陆国家也是逐步加以吸收，并引入伦理法之中。并且对于管制的适用范围，只是具有争议而已。

毫无疑问，对于公务员的私行为进行规制，必然会使当事人基本权利受到一定的限制，关键是掌握"程度"。在大多数国家的宪法中，基本人权是宪法的重要部分，也是其终极的目的。在公务员与国家的公法契约中，对于基本人权而言，有宪法和基本法律的基本规定。对于公务员私行为的规制，必然是在法治的原则下进行规制，否则就是违宪违法的。如何在实定法之中，使法治主义的思想得到贯彻或适用，这是本文的写作意义所在。

第一，现有的党内法规对于公务员的私行为规制，应尽量转换为法律。我国目前规范特别权力关系领域的法律虽然已制定了不少，如《监狱法》《教育法》《法官法》《检察官法》《公务员法》及各种行业组织法，但仍有许多领域缺乏法律的规范，还有许多行业组织如足球协会等，它们与其成员之间的关系也更多的是依靠内部章程来进行调整，缺乏法律的统一规范。现在已有的法律在规定特别权力关系方面也存在种种的问题，有的法律不适当地限制了相对人的基本权利，与宪法相抵触；有的法律对主体行使公权力的行为限制不够，以过于概括的授权形式赋予了主体过多的权力；有的法律可操作性不强，对双方当事人的权利（或权力）义务规定得不够明确。所以，必须修改现行法律，将特别权力关系纳入行政诉讼的范围。

第二，对于公务员的规制必须有行政程序。现代行政法的价值体现在以权利制约权力，以权利抗衡权力，以权利的深度、广度来抗衡权力的力度、强度，尤其是行政程序所形成的规范，对于行政行为的约束是最直接和最有效的。并形成了相应的制度，例如听证、陈述与申辩，说明理由等等。这些制度迫使行政主体自律，遏制权力的滥用，确保合法权益得以实现。同时，对于公务员私行为的规制，不能是法外之地。从整体上讲，对于公务员职务行为的规制与私行为的规制，应是一个整体或系统。行政程序同样适用于所有的行为。在对于公务员的行为进行划分时，无论涉及"基础关系"还是"管理关系"，还是私行为关系，或者其他涉及公务员行为的关系，都应该有统一的法治的标准来进行衡量。不能因为是内部行为，就不加以约束，随意侵害公务员的基本权利。受法国行政法思想影响，法国将行政长官对工作的指挥、对机关内部的组织和管理以及对下级公务员和机关所发布的命令，称为内部行政措施。而法国的成文法却很少规定内部行政措施，内部行政措施主要出现在行政法院的判例中。行政法院一般是以是否影响内部相对人的法律地位为标准来划定内部行为的界限。凡是损害内部相对人法律地位的行为均非内部行政措施。例如行政机关对公务员的任命、晋升、纪律处分等行为就不属于内部行政措施，一般的行政行为就可以进入行政诉讼的受案范围。

第三，对于公务员的惩戒必须有相应的司法审查制度。无论特别权力说，还是重要性关系说，对于公务员的行政处分不适用于司法审查，则必然是对法治主义的排除。对此，宪法和行政诉讼法，都有相应的规定。若是排除，至少宪法应规定相应的例外，现在绝大多数的国家的公务员法，都规定了对于不利处分行为的司法审查制度，这也是发达国家的普遍经验。所以，对我国行政诉讼法而言，将公务员的不利处分，部分纳入受案范围，使其可以利用司法审查，寻求体制外的救济，不仅具有重要的意义，而且也有利于法院对于一些传统无法审查的领域进行审查。尤其是法院，应尽快建立起对于公务员私行为规制的行政判例，之所以需要判例，是因为需要创设新的规则，以弥补制定法条文不明确、漏洞、相互冲突、明显滞后或者根本没有现成的规则等缺陷。

第四，修正申诉、控告手段。在特别权力关系领域，现有法律对相对人权利的救济手段基本都是申诉、控告等非正式的行政救济手段，这些救济途径缺乏正式的法律程序制约与制度保障，相对人的权利仅依靠这些非正式的行政救济手段，很难得到应有的保障。所以，要对目前这些申诉、控告手段加以修正。在我国，建议将申诉或控告等手段纳入行政复议制度之中，可以规定：第一，对行政主管部门作出的申诉处理决定不服的，可以提起行政复议或向人民法院提起行政诉讼；第二，对行政主管部门拒绝或者拖延履行申诉处理法定职责的，可以向人民法院提起行政诉讼；第三，认为申诉处理侵犯其他合法权益的，可以提起行政复议或行政诉讼。依照《行政复议法》的规定进行救济，使之与我国现有的行政申诉制度一道共同构成公务员权利纠纷的内部救济机制。

第二节　公务员私行为规则规范的备案审查

公务员私行为规制既涉及国法党纪，又有部门的调查监督。在现有的制度规范下，对权力监督和权利保护，除了现有制度设计外，还应发挥备案审查的作用，对于涉及私权行为规制的规范予以源头治理，避免过多过度侵犯公务员权利，同时需要针对目前多头备案审查，即人大备案审查、行政备案审查、党内法规备案审查路径的有效规范和统一，形成合力和制度约束。

一、备案审查的逻辑

备案审查是中国特色的宪法监督制度，在我国目前的制度建设中，有效地保障了法制统一，维护了公民、法人和其他组织的合法权益。对于现有涉及公务员私行为的规制的规范性文件进行备案审查，实际上会涉及所有公务员领域的立法和党内法规，在现有的备案审查制度上，加强和突出对公务员私行为的规范性文件的备案审查，是公务员私行为规制法治化的进步，是备案审查范围和领域扩展的必然。《法治中国建设规划（2020－2025年）》提出"健全党内法规备案审查制度，坚持有件必备、有备必审、有错必纠"，突出了备案审查在建设完善的党内法规体系中的重要作用。对私行为规范审查，必然遇到的问题是如何多部门、多规则地协调统一，这一问题能够有效解决，则会促使我国备案审查制度和公务员权利保护制度形成具有特色的、自主的体系。

（一）人大对备案审查的监督

根据《宪法》《立法法》《中华人民共和国各级人民代表大会常务委员会监督法》（以下简称《监督法》）等，人大主导的备案审查是全面的监督，它不仅包括了对中央和地方的立法和行为监督，而且也包括了对"一府一委两院"的规范性文件的监督。这里也包括省级人大常委会对本行政区域内的各类规范性文件的监督。可以讲，人大的备案审查制度是根本性权力监督模式。自党的十八届四中全会决定提出"加强备案审查制度和能力建设，把所有规范性文件纳入备案审查范围。"[1]人大的备案审查逐步实现了全覆盖，2023年《全国人民代表大会常务委员会关于完善和加强备案审查制度的决定》的实施，进一步延伸和加强了这一制度，同时该决定还提出了联合审查、衔接联动等机制的探索，这为今后涉及公务员私行为的法律规范和党内法规的"整合性"审查，或专项审查提供了制度支撑。

（二）中共中央办公厅备案审查

根据《备案审查规定》第5条第1款，对中央层面的党内法规备案审查机关作出规定，即中共中央办公厅承办党内法规备案工作，具体事务由中共中央办公厅法规工作机构（法规局）办理。这就从制度层面明确了由中共中央办公厅专门负责处理同党内法规备案审查工作相关的事宜。2019年修订后的《党内法规制定条例》明确了党内法规制定权的配置范围仅限

---

[1]《中共中央关于全面推进依法治国若干重大问题的决定》，人民出版社2014年版，第9页。

于省级以上党组织。根据下一级备案审查体制的要求，除党的中央组织制定的中央党内法规不需要备案外，中纪委、党中央工作机关以及地方省级党委均被要求向党中央报备党内法规，并由中共中央办公厅全面负责审查工作。在党内法规备案审查领域，中共中央办公厅主要承担三方面的工作职责：一是贯彻执行党中央决策部署，将党中央关于党内法规备案审查工作的决策部署落实到具体实践中；二是按照党中央要求牵头办理党内法规备案审查工作，享有依照程序撤销党内法规的建议权；三是统筹协调党内法规制定机关以及全国人大常委会法制工作委员会等国家备案审查机关，共同研究和推动解决党内法规备案审查工作面临的问题。

从对法律规范的多元审查，以及"党内法规"的"双轨制"审查来看，对于公务员的私行为也必然面临相关规范的审查难题，这需要对私行为的管制既要符合国家法律，也要符合党内法规，这必然需要合法的审查主体和审查职责的配置来处理专业性的问题。

二、对涉及公务员私行为备案审查的机制

对公务员私行为规范的审查涵盖在一般审查和专项审查中，也会涉及联合审查等情形。因此，对其备案审查，一般分别在不同的审查主体进行。如上所述，人大的监督、中央办公厅对党内法规的备案审查，不同主体的审查侧重点不同，如党内法规注重政治性，人大审查注重合宪性，行政审查注重合法性等。这基本反映了不同主体对于不同审查标准的使用，其中涵盖了政治性、合宪性、合法性、合理性等标准。

（一）构建统一整合性审查主体及审查机制

备案审查衔接联动机制和联合审查机制，有助于打破不同部门之间的治理壁垒。衔接联动机制是指备案审查工作机构将应当由其他机关处理的审查要求或者审查建议及时移送其他机关处理的制度，该机制的创构和运行是由我国国情所决定的。[1]衔接联动机制促使备案审查在主体维度呈现

---

[1] 王理万：《备案审查的国家治理功能》，载《法学研究》2024 年第 3 期。

穿透性特征，"形成由党委、人大、政府、军队等各系统分工负责、相互衔接的各类规范性文件备案审查制度机制"[1]，这是目前审查主体多元的情况下的选择，需要适当的联合和多元衔接。基于备案审查的发展，以及我国公务员权利保护的客观需要，加强备案审查，强化监督力度，需要对多元审查主体及多样的标准，进行一定的整合，功能整合和标准统一，将更能够保障国家法律的统一理解和适用，才能保障党内法规和国家法的有效衔接。

为此，统一涉及公务员私行为的规范，统一备案审查的规则体系，并依法排除不当的干预和侵害。因此，需进一步对现有涉及公务员私行为的法律法规、规章和规范性文件进行清理，建议统一立法，对私行为进行监督，这也是人民民主监督的要义。对涉及公务员私行为的党内法规，要备案审查，不得违反宪法法律，对此，《备案审查规定》也明确指出了这一点，但是要有效消除碎片化规定和多元主体的规则制定，还应基于国家法制统一的原则，基于人大这个国家权力机关监督的基础，进一步理清多元审查主体的关系，建立人大主导的审查体制，即在横向的多元主体审查基础上，纵向方面，人大的备案审查具有最高的审查效力。

（二）构建动态开放的审查逻辑

在具体审查中，审查主体一般会依据政治性、合宪性、合法性、合理性的标准对涉及的规范性文件进行审查，不同主体对审查标准的认识和使用的侧重点有所不同。但由于实践不断地变化和发展，审查中应保持动态开放的态度去使用或构建我国的审查标准特色，而不是机械地使用。否则，不利于多元主体审查的有利开展，也会对于公务员的权利保障有所影响。为此，笔者主张先形式后实质。对于法律规则的理解，要考虑其背后的文化、背景以及文本表述的含义，因此先形式后实质就会促使我们在审查中，何种标准优先的问题，产生一个动态的答案，例如，涉及党内法规

---

　　[1]　沈春耀：《全国人民代表大会常务委员会法制工作委员会关于2019年备案审查工作情况的报告——2019年12月25日在第十三届全国人民代表大会常务委员会第十五次会议上》，《全国人民代表大会常务委员会公报》2020年第1号，第243页。

的政治性优先，涉及法律法规合宪性优先等，这需要考虑规则的内在因素和具体规范内容，审查主体有一定的价值判断，形成审查的原则或标准，然后对现有的审查标准进行优先排序及使用。需要注意的是，审查主体应保持一定的"自制性"或谦抑主义，在审查过程中，审查主体不得因自己的立场或见解，影响到法的适用，同时要尊重制定机关的意见，依法审查。但不能僭越或过度、过宽的审查，要尊重制定机关，也就是尊重国家权力的运行，尤其在公务员行为立法的审查中，要考虑到地方差异，考虑到不同国家机关公务员的统一性和差异性。规则的规范上要有逻辑次序，标准上有优先次序，要把握审查的标准和立法的精神，对其有效审查，最大限度地保障实质审查的本质。

（三）对公务员私行为审查要点

对公务员私行为规范的审查，主要是对已备案规范进行审查。根据审查标准，对其规范审查，也有四个要点，是审查公务员私行为的关键因素。第一，是否是合理的模式。对公务员的私行为规范，所谓规范必然存在假设、命令，后果的基本模式，在该模式中假定是否符合人性基本，即作为自然人的公务员在未经法律法规规制时所呈现的一般人性状态。人性假定实质上表明了规制的必要性和可能性，要考虑到基于公民基本权的基本规范，不能对公务员提出过高的行为标准，以致无法达成。第二，权利义务分配平等。在法律法规的各项条款中，需严格遵守《立法法》第8条、《公务员法》第4条、《党内法规制定条例》第7条规定，要确保义务附加与法定权利的匹配。公务员的权利义务主体内容是什么，党内法规强调"义务本位"，第三，权力责任是否相互匹配。对公务员私行为规制，同时也要考虑到有权必有责、轻重相适应的权责匹配结构。有权无责或是权重责轻的结构框架，不仅与"权力关进制度的笼子"硬性约束相背离，也有悖于公平公正原则。具体而言，居于管理或领导地位的党员或党组织，其"行权"与"担责"应对等，不能只拥有权力而不履行其职责，也不能只要求管理者承担责任而不予以授权。第四，社会共识标准。对于公务员而言，对其管制的内容及标准，能否达成共识，尤其是社会共识，这对于后续的法律执行具有非常重要的意义。

在对公务员私行为规则的备案审查问题上，基于党内法规与国家法律双轨并行的规范体系，形成了党内法规备案审查与国家法律备案审查两种相对独立的运行机制。在这个审查过程中，我们期望有整合性的制度建设，在备案审查衔接联动机制上，形成一个统一的备案审查原则和标准，由统一的机构去行使这种权力，通过备案审查制度，一方面，有效保障国家法治统一，维护公务员权利，另一方面，充分发挥备案审查制度的优势，构建具有中国特色且符合国情的公务员私行为规制体系。

第三节　制定公务员行政伦理法

公务员的管理或者规制，一直以来就是一个世界难题。尤其在我国，对于公务员的管理，无论立法还是实践，都强调应该在法治轨道上运行。我们常言市场经济就是法治经济。市场经济需要比较高的道德水平。同样，法治市场，也需要比较高的道德要求和强有力的法律约束。美国《政府道德法》、日本的《行政伦理法》等等，无一不在表明，行政伦理需要立法，公务员的公私行为需要全面而系统地规制。目前，我国的《公务员法》《公务员处分条例》，包括大量的党内法规，都对于禁止经商、限制接受馈赠等方面予以规制。我们对于道德有独特的情怀。古语有云，"礼义廉耻，国之四维，四维不张，国乃灭亡。"今天我们所说的"德治"，尤其是依规治党和以德治党，都需要在新的时代背景下，阐述其新的内涵。

一、公务员法的道德体系

在美德和法则之间还有另一种关键联系，即只有对于拥有正义美德的人来说，才可能了解如何去运用法则。[1]道德的基础性作用，对于法治的辅助，是补充性和互易性的。我国的《公务员法》第 14 条就规定了众多

---

〔1〕　参见［美］阿拉斯戴尔·麦金太尔：《追寻美德：道德理论研究》，宋继杰译，译林出版社 2003 年版，第 9 页。

的道德义务，例如，遵守纪律，恪守职业道德，模范遵守社会公德；清正廉洁，公道正派等。《公务员行为规范》则规定了八个方面的义务。包括：政治坚定、忠于国家、勤政为民、依法行政、务实创新、清正廉洁、团结协作、品行端正。从私行为规制考虑，有些道德应使其形成文化，并形成道德伦理法的内容之一，主要如下：

（一）忠于国家、忠于政府

忠诚具有道德、法律意义双重义务性。有学者认为，忠诚义务是公务员对个人、组织和公共权力等要素所持的一种价值观，是公务员在履行公共职能过程中形成的理性的自我选择。[1]这表明了忠诚的自我约束，依赖社会舆论、行政惯例、良心发现等来维持和保障。事实上，道德及政治意义上的"忠"最终需要转换为法律上的"忠"来迫使公务员必须履行法律义务，使其成为国家最忠诚的守护者。这需要制度约束：一靠组织纪律，即通过党内法规管党，全面培养、引导、规范、监督；二靠法律管制，通过法律强制性约束公务员的职务行为或私行为，不至于背叛忠诚义务。

（二）坚守岗位，忠于职守

忠于职守，即公务员遵守工作制度，坚守工作岗位，认真负责，履行公务。这是公务员应尽的义务，即"在其位，要谋其职"。公务员是通过行使人民赋予的权力而完成为人民服务的伟大使命的，忠于职守，尽心尽力地做到本职工作，切实有效地服务，是保证公共行政正常运转的前提条件。在前文论及公务员中有懈怠工作的现象，也是公务员法或伦理法治理的重点之一，其道德风险具有一定的危害程度。由于工作懈怠或不作为，其行为直接影响到行政行为的合法性。如常见的投机取巧、欺上瞒下等等，都容易导致权力的不同变异，这也是一种权力的腐败，其表面看是工作懈怠，或不作为，但其造成的影响，具有社会效应，直接影响到政府的公信力。

---

〔1〕 姜裕富：《论公务员忠诚义务的内涵及其属性》，载《四川行政学院学报》2012 年第 4 期。

（三）坚持实事求是

习近平指出：我国革命、建设、改革的历史反复证明，只有制定符合实际的政策措施，采取符合实际的工作方法，党和人民事业才能走上正确轨道，才能取得人民满意的成效。正是由于我们坚持了解放思想、实事求是、与时俱进、求真务实的基本要求，我们才能不断推动中国特色社会主义伟大事业的发展。[1]可以说，坚持实事求是，不仅是我们党的思想路线的精髓，也是公务员在工作中，包括在个人的行为之中要遵循的准则。例如，说老实话，办老实事，做老实人，求真务实。坚持表里如一、不弄虚作假、不瞒上欺下、不看脸色行事、不为个人私利颠倒黑白、不诋毁他人，等等。

（四）遵纪守法

遵守纪律，既包括了行政纪律，也包括了党内的纪律。尤其当前，党内法规对于党员一系列的规定，包括私行为的规范，就是约束党员及公务员的"红线"。同时，公务员作为公务的执行者，必须遵守法律，必须切实地遵守，"法不禁止即自由，法无授权不可为"，由于公众对于公务员有更高的道德要求，公务员的行为约束必须强化。在各国的公务员法及伦理法之中，对于公务员的道德要求普遍高于普通民众。否则，将无法保障行政目的的实现，以及人民的信赖。

（五）廉洁奉公

廉洁奉公是对于公务员的基本要求，也是规制的核心问题。对此，既有职务行为的约束，也有私行为的约束。同时，它也体现了我们党对于党员的一个基本的政治要求。对于公务员来说，要廉洁自律、执政为民、常修为政之德、常思贪欲之害、常怀律己之心、自觉抵御各种消极腐朽思想文化的侵蚀，形成艰苦奋斗、勇于拼搏的革命精神，具有富贵不淫、居位不骄的生活修养；与民同苦、为民谋利的亲民情怀；勤俭节约、健康环保的时代风尚。廉洁奉公可以保证党的领导干部思想的先进性、政治理念的

---

〔1〕　参见《习近平：中国的事情须按中国实际来办》，载 https://news. sina. com. cn/c/2014-08-21/025930718957. shtml，最后访问日期：2024 年 10 月 8 日。

坚定性、生活作风的纯洁性，促使他们坚定马克思主义信仰，增强树立中国特色社会主义共同理想的自觉性，继承和发扬以爱国主义为核心的民族精神和以改革开放为核心的时代精神，自觉践行社会主义荣辱观，从而成为建设社会主义核心价值体系。[1]

我国公务员的道德义务，具有丰富的政治资源和国情特色。在现有的制度体系中，还没有完全囊括进去。除了公务员法及党内法规的规定外，中国公务员的道德体系及规范，需要在法律中有明确的表述，而不是仅停留在政治语境或单纯的道德诉求上。为此，应根据宪法的为人民服务的原则，将涉及公务员的道德行为，进行统一立法概述。例如，上文所言的忠诚的义务、廉洁的义务、严守机密的义务，等等，除现有《公务员法》原则性规定外，应该加以进一步的细化，并形成对于公职人员的公私行为有效的约束。

二、立法体系的构建

中共中央 2005 年 1 月颁发的《建立健全教育、制度、监督并重的惩治和预防腐败体系实施纲要》，实际上已经提出了建设行政伦理法规体系的任务。行政伦理法规体系大体包括三个层次的内容。第一个层次是公务员服务规定；第二个层次是行政伦理法；第三个层次是反腐败法或廉政法，其核心层次是行政伦理法。近年来的法治建设，对这三个层次都有所涉及，但现行制度执行不力，导致行政行为失范。在《公务员法》及《公务员处分条例》实施上，如何形成对公务员严格的规制，而避免条款"空转"，还需要立法配套以及执行的约束力。从各国经验以及本文的分析来看，对于现有的国家立法和党内法规中成熟的规制方法和制度，非常有必要形成统一的国家立法，而行政伦理法则是其中核心的立法。

（一）建立健全公务员伦理立法体系

伦理立法是公务员伦理建设的基础和核心，它为政府公务员解决伦理

---

[1] 参见沈其新、田旭明：《廉洁奉公与社会主义核心价值体系建设》，载《重庆社会科学》2009 年第 2 期。

冲突提供了一般性指导，也为惩罚违背道德标准的行为提供了依据。例如，在韩国，与政府公职人员相关的法律法规主要有《国家公务员法》、《地方公务员法》、《公职人员伦理法》、《〈公职人员伦理法〉实施令》、《公职人员伦理法实施细则》、《公职人员伦理宪章》、《公共事务条例》、《公务员服务规定》以及《腐败防止法》等。同时韩国宪法也确立了行政伦理规则，接受相关的行政诉讼。我国的公务员法，还基本停留在"一法多规"的模式下，以公务员法为核心，形成了以行政法规和党内法规为基础的规范体系。同时也出现了规范不足、程序不全等问题。在当前，全面从严治党、从严治吏的态势下，仅依靠党内法规的执行，无法从法律层面为公务员提供全面系统的保障，因此，为了规范公务员的伦理行为，需要有一部《公务员伦理法》，进一步明确公务员公私行为的范围及界限，使其具有合法的正当预期。

（二）建立多层次的管理和监督机制

一般来说，开展公务员伦理培训是基础，希望外化于内。但是对于违反伦理规范的行为做出相应的惩戒，则更具有震慑力。因此，各国都把避免利益冲突规范作为行政伦理法治建设的核心。利益冲突通常指政府官员代表的公共利益与其自身具有的私人利益之间的冲突。因此，诸多的立法都聚焦于避免政府工作人员在履行公职时产生利益冲突。对此，各国的公务员法和伦理法都有所规定，还有一些国家有专门立法规定，如加拿大和新加坡，制定了《利益冲突章程》或者《防止利益冲突法》，旨在规制政府高级官员行为，避免因个人利益或潜在个人利益影响政府官员履行公务。同时一些地方政府也根据联邦立法制定颁布地方性禁止利益冲突条例。在立法中，对于公务员伦理法制管理与监督，也要根据我国国情，可以在中央、省、市、县四级政府组织中，设立专门机构，行使对公务员伦理的管理权和监督权。当然，国家监察体制的改革和监察机关权力的再配置，肯定会愈加强化对于公务员的伦理的管理和监督。

各国的国情都不同，但对建立起多层次的监督体制具有共识。我们的监察机关，将成为政府中最具重要地位的管理和监督部门，负责政府财政、人事和行政方面的监督工作。在我国的国情中，对于公务员的监督还有党内监督和党外监督。党内监督的核心是制约公共权力，党外监督的形式有多种，主要包括群众监督、舆论监督、群团组织监督、人民政协及各民主党派和无党派人士的监督，等等。这些重要的政治优势，都是加强党的建设不可缺少的重要环节，也是行政伦理建设的重要内容。

（三）提高公务员伦理法制意识

公务员伦理法制化建设，最终需要通过伦理法律规范的内化。我国的《公务员法》第十章，只有三个条款涉及培训，指出了"机关根据公务员工作职责的要求和提高公务员素质的需要，对公务员进行分级分类培训"。对于公务员掌握伦理法制思想等问题，没有涉及。我国《公务员职业道德培训大纲》指导思想和目标明确，要"全面提升公务员职业道德水平，努力造就一支政治信念坚定、精神追求高尚、职业操守良好、人民群众满意的公务员队伍。"为了实现这一目标，公务员培训部门应该加强对公务员的素质教育，培养公务员的守法、用法观念，提高公务员对行政伦理规范的认识和理解水平。孔子曾说过："为仁由己，而由人乎哉？"[1]行政人员个体的道德修养的实质是将外在强制性变为内在自觉性的过程，实践也表明，从法律规则到现实社会秩序的过程，正是法律价值的有效内化并成为社会成员自觉的价值选择和行为准则的过程。在某种意义上，这也是行政伦理法治建设的最终目的。

综上所述，公务员的规制必然在法治轨道下运行。这不仅仅是预防和惩治腐败的需要，也是依法保障公务员权利的需要。制定《公务员伦理法》或者《防止利益冲突法》，要在借鉴国外经验，吸收国内优秀传统的基础上进行。一是，在宪法原有的"为人民服务"的原则的规定下，最好从宪法角度对于公务员进行定位，这对于我国公务员法的制度构建，乃至今后立法体系的完善，都具有非常重要的意义。二是，立足《公务员法》和《公务员处分条例》，进行适当的立法修改，并为更好地保证法的实施，

---

〔1〕《论语·颜渊》第一章。

还需要实施条例、实施细则等配套规则。如个人申报制度、社会诚信制度、信息公示制度、实名制财政制度、预防资金外逃等。三是要处理好与党内法规相衔接的关系。目前，党内法规对于党员公务员的私行为，有较多的规范，效果明显，除了加快转换为立法外，还需要在制定和实施过程中，避免与国家法律、行政法规、地方性法规、行政规章等发生冲突。要形成行之有效的备案审查制度，并与现行制度配套。

"徒法不足以自行"，《公务员法》的建设及逐步的法治化，要根植于我国的政治生活，但又不能脱离国情。在我国追求立法的民主化和科学化，强调立法的引领作用的时候，《公务员法》及相关配套制度，也到了推陈出新，制度创新的阶段。无疑，行政伦理的建设，在党内法规的补充下，将是公务员法治化的标志性成果，也必将为塑造廉洁奉公的环境提供重要法治保障。

参考文献

［1］［法］孟德斯鸠：《论法的精神》，张雁深译，商务印书馆 1961 年版。

［2］［日］鹈饲信成：《日本公务员法》，曹海科译，重庆大学出版社 1988 年版。

［3］殷啸虎主编：《中国共产党党内法规通论》，北京大学出版社 2016 年版。

［4］关保英：《行政法教科书之总论行政法》，中国政法大学出版社 2005 年版。

［5］胡锦光、余凌云主编：《国家赔偿法》，中国人民大学出版社 2011 年版。

［6］罗豪才主编：《行政法论》，光明日报出版社 1988 年版。

［7］罗豪才主编：《行政审判问题研究》，北京大学出版社 1990 年版。

［8］王连昌主编：《行政法学》，中国政法大学出版社 1997 年版。

［9］［美］弗兰克·J·古德诺：《政治与行政》，王元、杨百朋译，华夏出版社 1987
年版。

［10］［美］塞缪尔·P.亨廷顿：《变化社会中的政治秩序》，王冠华等译，生活·读
书·新知三联书店 1989 年版。

［11］［美］珍妮特·V·登哈特、罗伯特·B·登哈特：《新公共服务：服务，而不是
掌舵》，丁煌译，中国人民大学出版社 2004 版。

［12］张千帆等：《比较行政法》，法律出版社 2008 年版。

［13］阎树森：《日本公务员制度研究》，国家行政学院出版社 2001 年版。

［14］［英］梅因：《古代法》，沈景一译，商务印书馆 1984 年版。

［15］翁岳生编：《行政法（上、下册）》，中国法制出版社 2002 年版。

［16］［古希腊］柏拉图：《理想国》，郭斌和、张竹明译，商务印书馆 1986 年版。

［17］黄茂荣：《法学方法与现代民法》，中国政法大学出版社 2001 年版。

［18］［南非］克利特加德：《控制腐败》，杨光斌等译，中央编译出版社 1998 年版。

［19］［德］卡尔·拉伦茨：《法学方法论》，陈爱娥译，商务印书馆 2003 年版。

［20］［英］彼得·斯坦、约翰·香德：《西方社会的法律价值》，王献平译，中国人民
公安大学出版社 1990 年版。

［21］姜明安：《论中国共产党党内法规的性质与作用》，载《北京大学学报（哲学社

会科学版）》2012 年第 3 期。

[22] 刘福元：《公务员行为规范立法的实证解析——迈向公务员规则治理的制度文本考察》，载《信阳师范学院学报（哲学社会科学版）》2014 年第 5 期。

[23] 孙才华、方世荣：《论党内法规与国家法律的相互作用》，载《湖北社会科学》2015 年第 1 期。

[24] 韩强：《在党的建设中把党内制度和国家法规统一起来》，载《湖北行政学院学报》2008 年第 1 期。

[25] 张立伟：《法治视野下党内法规与国家法的协调》，载《中共中央党校学报》2011 年第 3 期。

[26] 方世荣：《论国家公务员职务行为与个人行为界限的几个问题》，载《法商研究（中南政法学院学报）》1995 年第 4 期。

[27] 肖俊：《制订我国"政府雇员行为规范与伦理准则"依法约束公务员行为》，载《中国党政干部论坛》2015 年第 11 期。

[28] 杨向东：《国家惩戒公务员职务外行为的法律问题初探》，载《中国海洋大学学报（社会科学版）》2013 年第 6 期。

[29] 于安：《美国政府官员行为道德及其法律控制——浅说〈美国政府道德法〉》，载《国外法学》1988 年第 1 期。

[30] 杨戌龙：《美国联邦公务员惩戒（不利处分与救济制度概述）》，载《公务员惩戒制度相关论文汇编》第 3 辑。

[31] 张磊：《试析我国行政道德失范的原因及治理对策》，载《辽宁教育行政学院学报》2006 年第 11 期。

[32] 苏力：《中、西法学语境中的"法律道德性"》，载《国家检察官学院学报》2005 年第 5 期。

[33] 《行政部门雇员道德行为准则》，美国政府道德署发布的最终法规经 76FR38547 修正编入 5C. F. R. Part2635（2011 年 7 月 1 日）。

[34] 韩强：《党内法规与国家法律的协同问题研究》，载《理论学刊》2015 年第 12 期。

[35] 屠凯：《党内法规与国家法律共处中的两个问题》，载《中国法律评论》2016 年第 3 期。

[36] 周叶中：《关于中国共产党党内法规建设的思考》，载《法学论坛》2011 年第 4 期。

[37] 郝铁川：《论良性违宪》，载《法学研究》1996 年第 4 期。

［38］秦前红、苏绍龙：《党内法规与国家法律衔接和协调的基准与路径——兼论备案审查衔接联动机制》，载《法律科学（西北政法大学学报）》2016 年第 5 期。

［39］周佑勇、王诚：《法国行政法院及其双重职能》，载《法国研究》2001 年第 1 期。

［40］张晓燕：《党的建设制度改革顶层设计研究》，载《理论学刊》2014 年第 1 期。

［41］梁三利：《行政职务行为探析》，载《当代法学》2002 年第 2 期。

［42］孙国华：《法的真谛在于对权利的保护》，载《时代评论》1988 年创刊号。

［43］姬亚平、李建科：《行政公务员权利与救济的行政法哲学》，载《山东科技大学学报（社会科学版）》2010 年第 2 期。

［44］侯茜、范卫红：《外国公务员惩戒制度与借鉴》，载《行政法学研究》2004 年第 1 期。

［45］姜裕富：《论公务员忠诚义务的内涵及其属性》，载《四川行政学院学报》2012 年第 4 期。

公务员的私行为规制，可以从多个方面去理解。一是根据公私行为划分的标准，进而讨论惩戒的方式及救济，这是比较传统的思路，本书也是延续了这一思路。之所以如此写作，一是基于公务法规定的抽象，且难以深入研究；二是基于被惩戒救济的案例的缺乏，从惩戒与私权利的平衡的角度去讨论这一问题，始终难以成书。故先易后难，先按传统的体系，进行公务员私行为划分及规制的写作。当然，在"规制"一词上，也有些争议，无论管制或规制，或者管理，都无法反映《公务员法》的核心思想。本书认为，规制虽取自经济学，强调对于市场的监督与管理，但作扩大性解释，放在政治市场，对公务员的行为进行规制，也恰如其分，至于管制或管理，则过于突出了政府的权威和强制的方式，但是按照约定俗成，公务员管理听起来比较顺口，但是本书选取了规制作为主题，希望弱化管理的色彩。

对于公务员法，尤其是对于公务员私行为的研究，已呈"由冷转热"的态势。随着全面从严治党、从严治吏的思想自党的十八大普及以来，人们已逐渐达成了一定的共识，立法对于公务员的管理应有所积极作为。不再局限于公务员难管、不敢管、不想管的固有思维，而是要强化"管理"，唯有合法合规的规制，且以保障公务员的人权为中心，才能更加促进行政的积极性，并有效地保障公务员的权利。当公务员也自嘲为"弱势群体"之时，恰恰表明了时代的进步，制度对于人的约束的成效。例如，当前立法还存在空白，或者还来不及立法的情况下，党内法规积极作为，对于党员公务员的行为规范，解决了目前一些迫切的行为失范问题，但随之而来的就是两套制度及规范的冲突问题，如何凸显党纪国法是我国的优势和特色，如何协调国法与党纪的关系，如何避免党内法规过多的功利主义？这成为了时代的命题，也成为了《公务员法》实施中遇到的问题。研究过程中，发现对于公务员的研究多集中在政治学界，行政法学界对于公务员的研究，始终裹不前。其原因何在？一是公务员法的研究成果难以转化；二是《公务员法》设限太多。所以，对于公务员法，包括对于私行为的研究，也仅是起步，还无法真正解决我国公务员私行为规制的核心问题。从这一点看，还有很多不圆满的命题或内容，需今后进一步论证。体制性的问题，会随着改革的深入而逐步解决；制度性问题，会随着制度的完善而丰富；人的问题，也会随着时代的发展而进步。当然，我们也不能把所有的问题，都留给时间。党的十八大以来，提出的"科学立法、严格执法、公正司法、全民守法"新十六字方针，已经为我们指明了前进的方向。

中国公务员是中国的精英层次，是具有伟大的历史使命和责任心的群体。要充分发挥这一群体的创造性和积极性，除了现有的各种激励外，最重要的是将公务员安身立命的工作或生活，纳入法治的轨道，形成合理的预期。虽然儒家把安身立命看作是在社会上做事并获得成就之事。《易经·系辞》云："利用安身，以崇德也。"安身的目的是彰显并崇尚德行。对此，仁者见仁，智者见智。在新的时代，我国公务员对人生使命、命运的真切认知，不能仅停留在道德宣讲或内心感悟的层面，应该用实际的行动认识自己的使命。在党的十八大到党的二十大的号角下，全面依法治国的推进下，公务员的规制不能停留在单靠权威的管制上，而应将其视为工具或客体。公务员作为宪法基本权利的享有者，以及国家公务的执行者，唯有以权利保护为核心进行法治化建设，形成一系列的法律制度规范，并予以认真实施，才能使其更好地服务于国家，服务于人民。